Vereinbarkeit von Religion
und Naturwissenschaft

Der Autor *Kurd Laßwitz* schrieb unter anderem Bücher über Physik, Erkenntnistheorie und Immanuel Kant. Seine Ausführungen über die Vereinbarkeit von Religion und Naturwissenschaft sind zeitlos und so interessant, dass der Herausgeber sich entschlossen hat, sie neu herauszugeben.

Kurd Laßwitz

Vereinbarkeit von Religion und Naturwissenschaft

Lösung des Zwiespalts zwischen Wissen und Glauben

Herausgegeben von
Klaus-Dieter Sedlacek

Toppbook Wissen gemeinverständlich

Bibliographische Information Der Deutschen Bibliothek:
Die Deutsche Bibliothek verzeichnet diese Publikation in der
Deutschen Nationalbibliographie; detaillierte
bibliographische Daten sind im Internet über
http://dnb.ddb.de
abrufbar.

Herstellung und Verlag: BoD - Books on Demand, Norderstedt

ISBN 978-3-7322-5615-0

Inhaltsverzeichnis

0. Vorwort des Herausgebers..7

1. Das Wesen einer Religion..9

2. Religion und die Realität der Natur...23

3. Lösung des Zwiespalts zwischen Wissen und Glauben......35
      1. Weg: Religion ohne »alleinig wahre« Lehrsätze.............36
      2. Weg: Rein religiöse Wertbestimmung...........................40
   3.1 Religion und Staat..43
   3.2 Trennung von Objekten des Glauben und Wissens 47
   3.3 Missbrauch und Gefahren..48
   3.4 Wunderglaube..53
   3.5 Die einende Weltanschauung...57

0. Vorwort des Herausgebers

Wenn in unserer heutigen Zeit allgemein von Religion die Rede ist, dann kann man sich nicht allein auf die christliche beschränken.

Zu den großen Weltreligionen zählen neben Christentum, Islam, Hinduismus, Buddhismus, Daoismus, Sikhismus, Jüdische Religion, Bahaitum, Konfuzianismus und Shintō. Und alle diese Religionen existieren nicht nur in fernen Ländern, sondern auch bei uns und häufig sogar in der direkten Nachbarschaft. Und in jeder der Religionen existieren Namen für Gottheiten wie Brahma, Shiwa, Jahwe, Allah, Wischnu oder Gott.

Laßwitz' »Beiträge zum Weltverständnis«, aus dem ich den Text dieser Schrift entnommen habe, erschienen bereits im Jahr 1899. Die Bezüge zur Religion waren darin, wie zu jener Zeit üblich, so formuliert als gäbe es im wesentlichen nur das Christentum. Andererseits sind seine Ausführungen über die Vereinbarkeit von Religion und naturwissenschaftlicher Erkenntnis auch für heutige Leser sehr interessant.

Um den Text einem heutigen Publikum, das nicht mehr fast ausschließlich einer christlichen Religion angehört, darbieten zu können, sah ich mich gezwungen den Begriff »Gott« allgemeiner zu fassen. Ich denke das ist ganz im Sinne von Laßwitz. Schließlich sagt er selbst in dem Kapitel, in dem er das Wesen der Religion diskutiert:

»... da ja im Grunde alle Streitigkeiten über Religion aus der verschiedenen Auffassung des Wortes »Gott« stammen, so kam es darauf an, einen gänzlich neutralen Ausdruck zu wählen, der jedoch alle allgemeinen Merkmale einer entwickelten Religion umfasst«

Wenn ich nun an vielen Stellen, an denen das Wort *»Gott«* noch vorhanden war, den Begriff in »Gottheit« oder etwas Gleichwertigem umgewandelt habe, so soll damit nur ausgedrückt werden, dass der Name der Gottheit aus irgendeiner der großen Religionen stammen kann, selbstverständlich auch aus einer christlichen Religion.

Im Übrigen habe ich den Text vorsichtig redigiert und einige wenige nicht mehr zeitgemäße Stellen gestrichen oder angepasst. Auch das ist, denke ich, im Sinne von Laßwitz, der sich sehr bemüht hat eine Konfrontation zwischen unterschiedlichen religiösen Vorstellungen zu vermeiden. In seinem jetzigen Zustand ist der Text deshalb für heutige Leser aller Glaubensrichtungen genauso genießbar wie für Atheisten.

Im August 2013

Klaus-Dieter Sedlacek

1. Das Wesen einer Religion

Was ist das Eigentümliche, wodurch das religiöse Bewusstsein sich von allem andern, was den Menschen bewegt, so wesentlich unterscheidet, dass der Gegenstand der Religion mit der höchsten und unantastbaren Majestät die Gemüter gefangen nimmt? Sicherlich muss es sich hier um eine Macht handeln, die das innerste und allgemeinste Lebensinteresse der Menschheit trifft.

Scheiden wir von der Religion das dogmatische Gewand, in welches sie durch die Überlieferung gekleidet zu sein pflegt, so bleibt als Kern der Religion ein *Gefühl*. Nur weil sie Gefühl ist, vermag sie jene volle Gewalt über alle Betätigungen des menschlichen Bewusstseins auszuüben, die wir an ihr erkennen. Gefühl nennen wir die Tatsache, in der uns zum Bewusstsein kommt, dass ein gewisser Teil des Weltinhalts durch seinen absoluten Wert sich von allem andern unterscheidet, indem wir ihn als jene Einheit erleben, die wir unser Ich nennen. Das Gefühl gibt unseren Erfahrungen ihren Wert dadurch, dass sie *unsere* Erfahrungen sind, d. h. diesem Einzel-Ich angehören. Wodurch unterscheidet sich nun das religiöse Gefühl von den übrigen Arten des Gefühls?

Wir werden nicht fehlgehen, wenn wir die Religion dort suchen, wo die umfassendsten Bedingungen unserer Existenz zusammentreffen, die beiden Realitäten, die als objektive Formen der Gesetzlichkeit das Dasein der Menschheit bedingen. Diese sind das Naturgesetz und die Ethik oder mit andern Worten: Notwendigkeit und Freiheit, die Bestimmung durch das Denken und die Bestimmung durch das Wollen, das theoretische und das ethische Bewusstsein. Unter diesen beiden Mächten steht das Leben des Menschen. Ein endliches Einzelwesen in Raum und Zeit kann er sich

10 Das Wesen einer Religion

selbst nicht anders denken als dem Zwang des Naturgesetzes unterworfen, und doch fordert der Imperativ der Ethik von ihm die Verwirklichung des Guten durch seine freie Tat. Ob diese beiden Bedingungen vereinbar sind? Gleichviel wie die Antwort ausfalle, oder ob sie überhaupt möglich ist, der Widerstreit zwischen Denken und Wollen wird von uns erlebt und uns im Gefühle bewusst. Und für das Gefühl ist es unerträglich, dass etwa durch den Zwang der Natur die Forderung der Ethik unerfüllbar sei. Was uns der Verstand nicht erweisen, der Wille nicht gewähren kann, die Sicherheit, dass das Bemühen unseres endlichen Ich in der Erfüllung seiner ethischen Aufgabe nicht scheitere an den übergeordneten Mächten des Weltgeschehens, das nehmen wir im Gefühl voraus, in dem Gefühl der Gewissheit, dass unser Ich jenen Mächten nicht hilflos überliefert ist. Wir glauben, dass unser Ich mit der Gesamtheit des Weltgeschehens in einem Zusammenhange stehe; durch den es, als ein Selbstzweck in diesem Zusammenhang, enthalten ist, und somit nicht verloren sein kann in seiner ethischen Arbeit. In diesem Glauben, in der inneren Gewissheit, dass die objektiven Gesetzlichkeiten bei Natur und der Moral durch eine unendliche Macht mit der Bestimmung unseres eigenen Ich so verbunden sind, dass sie diesem zum Heile gereichen müssen, und in der hieraus entspringenden Gesinnung besteht die Religion. Ich möchte versuchen, die Erklärung kurz zu formulieren, wie folgt.

Religion ist das Gefühl des Vertrauens auf eine unendliche Macht, die den eigenen heiligsten Idealen entspricht.

Dies ist zunächst nur der nüchterne Ausdruck für eine Überzeugung, welche die mannigfaltigsten Formen annehmen kann, indem sie das eigene Verhalten zu dieser Macht bestimmt. Sie legt dem eigenen Gewissen Verpflichtungen auf, aber als eine Tatsache des Gefühls verklärt sie diese mit den wärmsten Regungen des Menschenherzens; sie stellt mich einer unendlichen Macht gegenüber, aber diese Macht ist mir nicht fremd und feindlich, sondern ein unendliches Gut, weil sie meine höchsten Ideale realisiert, und indem ich mich an jene Macht in meinem innersten Sein gebunden fühle, erfüllen mich je nach den Bedürfnissen des Gemüts Scheu, Ehrfurcht, Demut, Liebe, Zuversicht, Trost und Hoffnung.

Absichtlich habe ich bei der Bezeichnung jenes Kerns der Religion den Namen »Gott« vermieden. Aber da ja im Grunde alle Streitigkeiten über Religion aus der verschiedenen Auffassung des Wortes »Gott« stammen, so kam es darauf an, einen gänzlich neutralen Ausdruck zu wählen, der jedoch alle allgemeinen Merkmale einer entwickelten Religion umfasst.

Hierdurch ist zunächst der individuellen Gestaltung des Gottesbegriffs freier Spielraum gelassen; es ist nur gefordert, dass jene Macht eine unendliche und eine ideale sei. Damit ist natürlich nicht gemeint, dass sie nur in der eigenen subjektiven Einbildung bestehe, etwa wie eine ideale Landschaft; sondern das Vertrauen auf die Macht setzt ihre Realität voraus. Es gibt eine solche Macht von absoluter Realität, das ist für den religiösen Menschen zweifellose Gewissheit. Das Wort »ideal« bezeichnet nur ihre Eigenschaften, an welche wir eben dann allein glauben können, wenn sie dem entsprechen, was unserm Herzen das Heiligste ist; es ist damit die Freiheit unserer Vorstellungen von der Gottheit garantiert, ohne welche diese uns fremd und erzwungen bleiben würde.

Und wenn jemand gegen diese Fassung einwenden wollte, dann würde ja jene unendliche Macht ganz unbestimmt werden, da die Ideale der Menschen sehr verschieden seien, so ist darauf zweierlei zu erwidern.

Erstens liegt es in der Tat im Wesen des Unendlichen, dass es durch keine endliche Bestimmung erschöpft werden kann. Dies ist eben die unendliche Macht, die unbegreifliche Größe, dass diese für jeden das ist, was er zu fassen vermag, und dabei doch alles und eines bleibt. Und hierin wurzelt die Freiheit des Glaubens, wodurch allein Religion von jedermann aufgenommen und verstanden werden kann, so dass sie ein einigendes Band für alle Menschen zu sein vermag, wie sich diese auch durch Nationalität, Charakter, Bildung und Gewohnheit unterscheiden mögen. Nur dies, dass wir an ein höchstes Gut glauben, das allen Wandel der menschlichen Ideale umfasst, ist der Sinn des Spruches: »Wir glauben all an ein höchstes Wesen«. Und auch diejenigen, welche diesem höchsten Wesen den Namen versagen, können glauben.

Zweitens handelt es sich bei jenen Idealen selbstverständlich nicht um willkürliche Fantasiebilder, etwa um sinnliche Vorstellungen, egoistische Wünsche, rohe Anthropomorphismen. Dies würde einer untergeordneten Stufe der religiösen Entwicklung entsprechen. Deswegen sagte ich »die eigenen heiligsten Ideale«. Das »heilig« soll aber bedeuten diejenigen Ideale, welche ich kraft meiner Eigenschaft als Vernunftwesen und in Rücksicht auf meinen Willen als den einer ethischen Persönlichkeit besitze. Die Idee der Menschheit soll im Gefühl als eine unendliche Macht ergriffen werden, so dass sie aus einem *Ideal* ein höchstes *Gut* wird, aus einem leitenden Ziel ein sicherer Besitz des Lebens. Dann liegt, dass ich eben in jene unendliche Macht das Vertrauen setze, meine ethische Arbeit findet in ihr die Kraft des Gelingens. Hierauf gründet sich hauptsächlich die Unentbehrlichkeit der Religion neben der Moral, um uns gegenüber der Strenge des Gesetzes im Bewusstsein der eigenen Schwäche nicht verzweifeln zu lassen.

Niemand wird leugnen, dass es Mächte gibt, denen nicht bloß der Einzelne in besonderen Lagen, sondern der Mensch als solcher überhaupt unterworfen ist, hilflos und unrettbar durch eigene Kraft. Nirgends wird dies deutlicher als angesichts des Todes, wenn wir der Gefahr gegenüberstehen, die unser eigenes Leben oder das eines geliebten Menschen bedroht. Wenn im Aufruhr der Elemente das Schiff an der Klippe scheitert, wenn die feindliche Granate vor uns zerspringt, wenn tückische Krankheit den gequälten Körper des Lieblings durchwühlt, wenn die Frucht jahrelanger Arbeit, die Hoffnung rastlosen Strebens an einer unmittelbar bevorstehenden Entscheidung hängt, wenn unsere redlichste Bemühung verkannt und mit Hass und Verleumdung vergolten wird, wenn wir ruchloser Gewalt ausgeliefert sind, wo finden wir Rettung, wo sollen wir sie suchen, wenn alle menschliche Hilfe versagt? Der Gegner der Religion sagt: Den Ausweg aus Schwierigkeiten zu finden ist Sache des menschlichen Verstandes, bis zum letzten Augenblick arbeite er mit allen Kräften. Das Schwere zu ertragen ist Sache des menschlichen Willens; mutig und gefasst füge er sich ins Unabänderliche. Sehr richtig, als Forderung zugegeben. Es fragt sich nur, wie man es macht, um diese zu erfüllen. Der Moralist sagt vielleicht weiter: Wohl bedarf der Mensch eines Haltes in allen Lebenslagen, der ihn den Schicksalsschlägen gegenüber aufrechterhält; aber diesen Halt hat er in einem guten Gewissen, im Bewusstsein erfüllter Pflicht. Auch sehr richtig. Aber wenn er nun kein gutes Gewissen hat?

Wer ist so weise, so stark, so gut, dass er sich nie einen Vorwurf zu machen braucht? Nicht einen Moment lang sind wir der Zukunft gewiss, der nächste kann das Ende bringen oder den unschuldigen Irrtum, der in Schuld und Verderben verstrickt – »zwischen Lippe' und» Kelchesrand«. Auch hier mag man noch zu einem Gedanken seine Zuflucht nehmen, zu dem Gedanken, dass wir nicht leben um unsertwillen, sondern als Glieder der Gesamtheit. Aber was wissen wir von dieser, was wissen wir von dem Zwecke, um dessentwillen wir leiden und vergehen müssen? Wir stehen an der Grenze, wo der Glaube beginnt oder – der Verzicht auf ein Verständnis. Soll uns denn die Hoffnung benommen sein? Wurzelt sie nicht unausrottbar in der Menschenbrust?

Und nun das Letzte: Das drohende Unheil ist abgewendet, wir sind gerettet und entronnen gegen Erwartung. Wir atmen auf. Die Entscheidung ist zu unsern Gunsten gefallen. Wir müssen uns ehrlich sagen: Es ist geschehen ohne unser Verdienst. Es konnte auch anders kommen. Ein großes Glück ist uns widerfahren, an tausend andern ist es vorbeigegangen. Wie sollen wir uns verhalten? Gleichgültig das Große und Herrliche hinnehmen? Aber das ist unmöglich; man vergegenwärtige sich nur das Gefühl, das die Vorstellung erregt: Wenn diese Kleinigkeit anders war, so war alles anders, so warst du verloren! Und jetzt bist du gerettet, selig! Jauchzen und Jubeln ist der natürliche Ausdruck, doch dem tieferen Menschen kann es nicht genügen. Dank will er, innigen Herzensdank verkünden. Aber wem sollen wir danken? Der Religionslose hat keine Antwort.

Eins hat er vergessen in der Menschennatur, und gerade das Wichtigste; nämlich dass der Mensch nicht bloß ein denkendes und wollendes, sondern dass er vor allem ein fühlendes Wesen ist. Gefühle knüpfen sich an all unser Erleben als Lust oder Unlust, Gefühle müssen sich daher auch knüpfen an unsere Beziehung zu den außermenschlichen Mächten, unter denen unser Leben unleugbar steht. Wie man auch die Gewalten sich denken mag, die unter dem Namen des

Schicksals über uns gebieten, ja fasse man sie selbst nur als blinde Naturkraft, niemand kann sich dem entziehen, dass er sich zu ihnen in ein Gefühls-Verhältnis setzt. Der Mensch ist eingeflochten in ein unendliches, überlegenes Sein. Und in seinem Erlebnis strömt der ganze Reichtum der Bedingungen des Weltgeschehens zusammen, bedrohend und vernichtend, rettend, bewahrend, erhebend. Und die Einheit dieses Erlebnisses enthüllt sich ihm als Gefühl; sein Gefühl muss sich auch auf diese Unendlichkeit, die ihn umfasst und trägt, irgendwie beziehen.

Das ist nun die religiöse Stimmung, wenn das Gefühl der Abhängigkeit vom Unendlichen sich so erweitert, dass wir dadurch selbst eine befreiende Stellung gewinnen. Und das kann nur geschehen durch das Gefühl der Gewissheit, dass unser endliches Wesen von jener unendlichen Macht nicht zu befürchten braucht erdrückt zu werden, sondern sich in ihr gefördert, erhoben und geborgen weiß. Daher ist Religion das Gefühl des Vertrauens in die unendliche Macht.

Wenn wir der Religion aus erkenntniskritischen Gründen die Funktion zuwiesen, das theoretische und das ethische Bewusstsein zu verbinden, Natur und Moral als Gesetzlichkeiten zu vereinen, die sich nicht widersprechen, so lässt sich jetzt auch empirisch und psychologisch Religion als das Gefühl nachweisen, das in der Erfahrung des Individuums allein diesen Ausgleich zu vollziehen vermag. Denn es ist ein allgemeines Gesetz der Entwicklung, dass nur das sich erhält, was dem Gedeihen günstig ist. Das religiöse Gefühl ist nun von allen psychischen Zuständen am meisten geeignet, die menschliche Schwäche und Vergänglichkeit gegenüber der Macht und Ewigkeit des Unendlichen zu schützen.

Niemals hätte die Menschheit im Kampfe ums Dasein sich emporringen können zu ihrer stolzen Höhe, wenn sie nur über Verstand und Willen verfügt hätte, wenn sie nicht in dem Glauben an ihre Bestimmung einen Rückhalt gehabt hätte, d. h. in dem Gefühle, dass der Kampf nicht fruchtlos gekämpft wird, sondern um ein höchstes Gut, das auch dem Unterliegenden gesichert bleibt. Nehmt einem Heer die Hoffnung auf den Sieg, und es ist schon verloren! Nur wer das Leid, dem er sich nicht entziehen kann, willig auf sich nimmt, der findet die Kraft zu neuem Widerstand, zu frischem Ringen. Und ferner: Nicht Mutlosigkeit und Verzweiflung, sondern Hoffnung, Vertrauen, Zuversicht. Wer sich seinem Geschick gegenüber in die Stimmung verfetzt, in der es ihm als feindliche Macht erscheint, der muss, da er sich ihm nicht gewachsen weiß, an sich und der Welt verzweifeln. Dagegen wird derjenige in der günstigeren Lage sein, der das Vertrauen besitzt, dass ein gütiges Geschick auch dort seine Wege lenkt, wo er den Ausgang nicht versteht. Darum fassen alle vorgeschrittenen Religionen die übermenschliche Macht als eine auf, die das Beste des Menschen will, oder als eine weise Vorsehung, die dem guten Ziele entgegenführt.

Nur so kann das Gefühl der Abhängigkeit zum Gefühl der Befreiung werden, dass ich gewiss bin, die unendliche Macht entspricht dem eigenen Ideal des Guten. Gegenüber dem unabweisbaren Gedanken, dass der einzelne ein verlorenes Stäubchen ist, das im Weltprozess rücksichtslos zermalmt wird, gibt es nur eine Rettung, das Gefühl der Gewissheit, dass doch dieser ganze Weltprozess nicht ohne uns ist, dass die unendlichen Sonnen ihre Bahnen ziehen, die Geschichte der Menschheit Leid und Glück häuft und zertrümmert, die Tiefen der Erkenntnis sich öffnen, die mächtigen Taten der Helden des Willens gelingen, die ewige Schönheit vom Künstler enthüllt wird, über allem Vergänglichen die Idee des Unendlichen schwebt, weil in diesem kleinen Ich, dem scheinbar verschwindenden Stäubchen, die ganze unendliche Reihe der Dinge zum Erlebnis sich verdichtet. Diese ursprüngliche Tatsache, dass es Gesetze gibt, Notwendigkeit der Natur, Selbstbestimmung des Willens, Entwicklung des Gefühls im Individuum, und dass die Einheit dieser Gesetze in uns selbst als Einheit unserer Persönlichkeit sich fortwährend vollzieht und wiederholt, sie ist das einzige und unendliche Wunder, das sich nicht leugnen lässt. Und dies Wunder erfüllt uns mit dem Gefühl der Offenbarung: Ich kann nicht verloren sein, denn ich habe Anteil am Unendlichen. Wird nun dies Gefühl in mir lebendig, dass es das eigene Handeln begleitet als die heilige Grundstimmung des eigenen Innern, so habe ich Religion. Und wenn ich Religion habe, so habe ich den Talisman gewonnen, der mich unverletzlich macht im Kampfe ums Dasein.

Solange ich den Glauben nicht besitze, dass eine gütige und unendliche Macht mir Trost und Zuflucht in der Not gewährt, wenngleich ich die empirische Verwirklichung dieser Hilfe verstandesmäßig nicht nachweisen kann, so lange befinde ich mich in dem unlösbaren Konflikt, dass mein Gefühl und mein Wille Ansprüche erheben, die aus der Naturnotwendigkeit des Weltlaufs nicht befriedigt werden können; ich erzittere vor dem Gedanken, dass die gesamte Arbeit des eigenen Lebens vergeblich ist und vernichtet wird von einem Zufall, der den fallenden Stein mein Haupt treffen, den mikroskopischen Giftstoff in mein Blut dringen lässt. Dieser Gedanke, dass das Edelste der Welt dem gemeinsten Zufall ausgesetzt ist, macht mich unsäglich elend, wenn ich nicht überzeugt bin, dass dieser Zufall von einer höheren Macht zum Heile gewollt ist. In dieser Überzeugung aber kommt das rettende Gefühl zum Ausbruch, dass die Gesetzlichkeit des Naturgeschehens, der ich unterliege, überbaut ist von einer zeitlosen Bestimmung, die mir in meinem Leben entgegentreten als die Bewertung, welche Ereignisse und Dinge durch mich erfahren. Diese Welt der *Werte* ist unabhängig von der Naturnotwendigkeit, in der sie sich nicht findet; und *der religiöse Glaube ist diejenige Form der Wertbestimmung, die mich von der Sklaverei der Erfahrungswelt zu befreien geeignet ist* und sich darum im menschlichen Seelenleben entwickelt hat. Denn die unendlichen Mächte, die mich bedrohen, habe ich aufgenommen in mein Gefühl in einer solchen Weise, dass sie mich fördern. Ob die Lebenswoge mich begräbt, ob sie mich emporhebt, ich habe das Vertrauen, dass es mir zum Heile geschieht.

Und wenn es glückt, wenn mein Mühen gelingt, wenn ich einer Gefahr entrinne, ein irdisches Gut erringe, so ist es wieder Religion, die mir die günstige Gemütsstimmung sichert. Denn schriebe ich meinem eigenen Verdienst das Gelingen zu, so würde die natürliche Folge sein: Überhebung und Sorglosigkeit, Hochmut und Leichtsinn. Und die weitere Folge dieser Stimmung würde eine ungünstigere Lage im Kampfe ums Dascin werden. Habe ich aber Religion, so ist mein Gefühl das des Dankes. Nicht mir schreibe ich das Verdienst zu, sondern der höheren Macht; und indem ich mich prüfe, ob ich das Glück verdiene, gewinne ich den Weg, mich würdiger und freier zu machen. Freiheit will ich gewinnen. Freiheit gegenüber den äußeren wie inneren Gewalten gibt nur die Religion. Den Weltwillen kann ich nur bezwingen, indem ich ihn aufnehme in meinen eigenen Willen, und selbst so zu leben strebe, wie es im Einklang steht mit meinen heiligsten Idealen.

Wer aus dieser Stimmung heraus sein ganzes Leben gestaltet, der ist fromm. Denn Frömmigkeit ist eine Sache nicht des Bekenntnisses, sondern der Gesinnung. Man wende nicht ein, dass solche Gesinnung schädlich sei, weil sie mutlos mache und schwächlich; man wende nicht ein, dass sie

Entschluss und Tatkraft lähme, männlich einzutreten für sich selbst und energisch in der Hilfe für andere, weil das Vertrauen in die Allmacht des Höchsten zum Fatalismus führe, zum Gehenlassen, zur kühlen Betrachtung des Geschehenden. Ein solcher Einwand enthält eine vollkommene Verkennung des Sinnes dessen, was Vertrauen in mein Schicksal heißt. Glaube ich an die Allmacht des Höchsten, so glaube ich damit doch nicht, dass er mit beliebigen Mitteln zu beliebiger Zeit in den Weltlauf eingreife, um ein beliebiges Ziel zu erreichen, das wäre das Verfahren eines experimentierenden Zauberers. In das Schicksal vertrauen heißt, dass die vernünftige Selbstbestimmung in mir, die Pflichterfüllung nach bestem Wissen und Gewissen, zu dem Ziele führt, und dass ich gegen mein eigenes Gewissen und somit unfromm handle, wenn ich es in irgendeinem gegebenen Falle an dieser Anspannung *aller* meiner physischen, intellektuellen und ethischen Kraft fehlen lasse. Das ist so klar, dass ich es nicht erwähnt hätte, wenn man nicht häufig von sonst ganz verständigen Menschen diesen Einwand hören könnte.

Wie aber ist es möglich, religiöse Gesinnung zu gewinnen, wenn man sie nicht besitzt? Das freilich ist ein Geheimnis, das sich nicht lehren lässt; das eben ist die Offenbarung, die uns innerlich aufgehen muss. Nur aus voller Freiheit kann diese Blüte des Gemüts entsprießen, und jeder Versuch eines Zwanges wirkt ertötend wie ein Gifthauch. Man kann sehr richtige Begriffe von dem haben, was Religion ist, man kann auch die Überzeugung von ihrer Notwendigkeit haben, und doch besitzt man sie vielleicht noch nicht im Sinne des frommen Gemüts; bis eines Tages das Geheimnis sich erschließt und unser Dasein mit seinem Eigenlicht durchströmt. Dann liegt Welt und eigenes Leben vor uns wie das Kunstwerk vor seinem Dichter; wir haben die Freiheit gewonnen. Es ist mit diesem Gewinn gerade wie mit der Liebe.

20 Das Wesen einer Religion

Man kann die Liebe theoretisch in ihren Motiven zergliedern, man kann physiologisch und psychologisch den Zustand des Liebenden erklären, aber das Gefühl der Liebe kann man sich weder geben noch nehmen; es kommt über uns und wir verstehen uns selbst nicht mehr. Die Liebe gibt uns überhaupt für das religiöse Gefühl, wenigstens nach der einen Seite hin, das beste Analogon. Diejenige Gesamtstimmung von Gefühl und Willen, die in einer reinen Liebe auf eine einzelne Person sich richtet, wiederholt sich im religiösen Gefühl in Bezug auf das Unendliche. Unsern eigenen Willen einem andern frei unterzuordnen und zwei Willen in einen zu verschmelzen, das kann nur in der Liebe geschehen. Und in der Religion vereinen wir frei unsern Willen mit dem göttlichen. Daher ist auch die ethische Forderung der Menschenliebe am leichtesten aus der religiösen Stimmung heraus zu erfüllen, denn in ihr wird die Achtung vor dem Gesetz zur lebendigen Sympathie.

Weil Religion Gefühl ist, so kann sie ihren Ursprung nur im persönlichen Erlebnis des einzelnen gewinnen, und nur weil sie Gefühl ist, kann sie jene Gewalt besitzen, wodurch der Glaube zur absoluten Autorität wird. Aus dem Wesen der Persönlichkeit als der Einheit, in der alle Lebenstendenzen und Lebenserfahrungen zusammenlaufen, entspringt die Gewissheit, dass es Einheiten für den Weltzusammenhang gibt. Aus dem Streben, diese Einheiten zu verstehen, entspringt der Glaube, dass eine übergeordnete Einheit allen Zusammenhang umfasst. Aus dem Gefühl, dass wir dieser Einheit angehören, entspringt die religiöse Überzeugung. Sie muss ein ursprünglicher, autonomer und persönlicher Akt sein. Und nur im Persönlichen ist der Wirkungskreis der Religion. In jedem einzelnen soll die Religion mächtig sein als die beherrschende Lebensmacht, welche die persönliche Lebensgestaltung leitet und den Willen zum Guten lenkt. Und von

Person zu Person mag sie wirken, nicht durch den Inhalt der Lehre, sondern durch das Gefühl, das mit dem Dasein des religiösen Menschen rein durch sich selbst in andern erweckt wird. Dies ist die reale Macht, mit welcher eine Religion ungeschwächt durch die Jahrtausende wirkt; dadurch überdauert sie alle Angriffe und Bedenken, zu denen die fanatischen Glaubensstreitigkeiten der Dogmengeschichte Anhängern wie Gegnern der Religionsgemeinschaft Anlass geben.

Zwischen den Individuen im Verkehr der Welt herrschen objektive Gesetze, die Gesetze der Natur und der Gesellschaft; und es gelten für die Persönlichkeiten in ihrem ethischen Verhältnis die objektiven Gesetze der Moral. Damit diese beiden objektiven Realitäten zusammen bestehen, bedarf es einer übergeordneten Realität, welche die absolute Bedingung für beide ist. Aber diese Realität ist als eine unendliche weder von unserem Verstande zu umfassen noch von unserem Willen zu erreichen; sie kann uns nur zugänglich werden im Gefühl. Das Gefühl ist subjektiv. Daher kann uns die Realität des Höchsten nur gegeben werden als eine subjektive Gewissheit, als eine innere Offenbarung; nicht durch Beweis, wie die Erkenntnis, nicht durch Gebot, wie die Moral, sondern allein als Glaube, als eine subjektive Kraft der Person, die objektiven Mächte der Welt und des eigenen Ich der Realität des Höchsten zu unterwerfen; aber zu unterwerfen durch die persönliche Macht des Glaubens, nicht wieder durch die Mittel jener objektiven Mächte. Deswegen darf man nicht den Schluss ziehen, dass Religion schließlich doch zur Moral nötig sei, weil sie allein die Möglichkeit begründet, alle Kulturgebiete im Sinne einer ethischen Weltordnung mit den Hoffnungen unserer persönlichen Existenz zu vereinen. Nicht zur Moral ist sie nötig, sondern nur zur *Seligkeit,* welche Sache des einzelnen ist. Deshalb überschreitet Religion ihr Gebiet und erweckt den

Widerspruch des Verstandes und des Willens, wenn sie in irgendeiner Form Anspruch macht, Lehrsätze des Wissens aufzustellen oder soziale Ordnungen zu regieren. Das ist Sache der Wissenschaft und des Staates. Die Freunde der Religion können nicht besser für sie wirken, als indem sie alle Gebiete der Kultur in Forschung, Ethik, Staat, Gesellschaft, Leben sich unabhängig und selbstständig gestalten lassen, nicht, um dadurch Religion zu ersetzen, sondern um Freiheit und Selbstständigkeit der Religion zu sichern. So allein wird die Macht der Religion nicht gemindert, sondern gestärkt, und ihre Gewalt die höchste, die es gibt. Denn sie ist die ursprüngliche Gewalt. Alle Geschichte, alle Entwicklung der Kultur, alle Fülle des Wissens, alles Gute und Schöne findet statt durch die Wirkung von Persönlichkeiten. Hier betätige sich Religion, hier allein kann sie sich rein betätigen. So gibt es nichts, das nicht Religion aufs Innigste berührte, das nicht durch Religion im Innersten verbunden wäre; nur nicht draußen im Raum, wo der Weltkampf wogt, sondern drinnen im Menschenherzen, wo wir leiden, lieben und hoffen.

2. Religion und die Realität der Natur

Dem Forscher, der den Gesetzen des Universums nachspäht, erscheint wohl in günstigen Stunden das Leben der Menschheit unter dem Gesichtspunkt des Ewigen; weit unter seinem umschauenden Auge brechen sich die Wogen der auf- und abflutenden Endlichkeit. Dem Künstler zeigt die Zauberin Fantasie den Widerstreit der Wirklichkeit gelöst in der Harmonie der Schönheit; ihn trägt seine schaffende Kraft über die Niederungen des Daseins. Aber es ist ein Irrtum zu glauben, dass Wissenschaft und Kunst direkt es sind, die solchen Festtag zu schaffen vermögen. Es ist eine Form der Religion, die hier zum Durchbruch kommt, nur dass sie sich der speziellen Mittel bedient, die Wissenschaft oder Kunst darbieten, weil der Geist des Forschers, des Künstlers diese Sprache versteht. Nenn die Erkenntnis vom Zusammenhang der Dinge bei jenem, die künstlerische Fantasie bei diesem Wirken hier nicht als solche, theoretisch oder ästhetisch, sondern in der Form des Gefühls selbst; sie haben sich in herrschende Lebensstimmung umgesetzt, in ein Gefühl des *Vertrauens auf die Realität der eigenen Ideale*, und das ist Religion. Aber diese Formen religiöser Stimmung sind doch nur wenigen Bevorzugten gegeben, und auch diesen nur in seltenen Stunden höherer Erregung.

Religion im allgemeinen Sinne dagegen freut sich der Gunst, jedermann zugänglich zu sein jederzeit, weil sie den Kern der Persönlichkeit ergriffen hat. Von dieser Religion betrachten sich so viele abgesperrt durch das Bekenntnis. Nun kann man freilich Religion niemand geben; sie will ergriffen sein. Aber das Hindernis, das im Inhalt des »allein wahren« Lehrsatzes (Dogmas), im Widerspruch von Erkenntnis und Glauben angeblich liegt, das ist nur ein scheinbares, das kann man, mein' ich, wegräumen. Durch sein Wissen braucht sich niemand im Glauben beirren zu lassen.

Fragt man einen derer, die sich nach ernsthafter Überlegung, vielleicht nach schweren inneren Kämpfen, vom Glauben losgesagt haben und dem religiösen Leben fernstehen, so hört man in der Regel die Antwort: »Ich kann es nicht glauben, dass außer und über der Naturnotwendigkeit eine unendliche Macht mit solchen Eigenschaften existiere wie gerade ich als Mensch sie voraussetzen müsste, um ihrem Walten zu vertrauen.« Und fragt man weiter »Warum nicht?«, so hört man wohl, die Existenz einer solchen Macht sei mit den Ergebnissen der wissenschaftlichen Forschung nicht in Einklang zu bringen; und zwar ebenso wenig im positiven wie im negativen Sinne. Man finde das höchste Wesen nicht in der Erkenntnis (sie bedürfe dieser »Hypothese« nicht), und man könne seine Existenz nicht beweisen; ja die Existenz einer solchen Macht widerspräche sogar den Forderungen der Wissenschaft, weil sie die Geschlossenheit der Naturgesetzlichkeit aufhebe.

Die erste Behauptung ist in gewissem Sinne richtig, die zweite ist durchaus falsch; und beide zusammen sind für die Frage nach dem Rechte der Religion vollständig belanglos. Denn die Sache verhält sich so, dass Religion mit der theoretischen Erkenntnis direkt überhaupt nichts zu tun hat. Mit aller Genauigkeit der Beobachtung, mit aller Fülle des Wissens, mit aller Schärfe des Denkens kann man im Inhalt der Naturerkenntnis jene unendliche Macht nicht theoretisch nachweisen, an die wir glauben; aber ganz ebenso unmöglich ist es, auf diese Weise das Geringste gegen die Möglichkeit dessen zu beweisen, was unser Glaube verlangt. Denn die Begründung der Religion ist durchweg unabhängig von den Mitteln, den Zielen und dem Erfolg unsres Erkennens durch den Verstand. Fragt man zweifelnd: Warum sollen gerade die Menschen auf dieser kleinen Erde begnadet sein, Gottheiten zu haben, die auf sie hören, die ihnen so merklich ähnlich sind, – so ist zu entgegnen: Was ist groß und was ist klein gegenüber dem Unendlichen? Gilt doch im Größten wie im Kleinsten dasselbe Gesetz. Nicht Raum und Zeit und Natur verbinden uns mit dem Höchsten, sondern das Gefühl des Vertrauens. So, wie wir, werden auch alle andern vernünftigen Wesen in anderen Weltsystemen sich mit ihren Gottheiten zusammengehörig fühlen.

Man hört es häufig von den Gegnern der Religion triumphierend betonen, dass Kant die Beweise für das Dasein einer Gottheit endgültig widerlegt habe. Sehr richtig, nämlich die theoretischen Beweise; sagen wir auch schlechthin die Beweise, indem wir das Wort »beweisen« nur im theoretischen Sinne, d. h. durch die Mittel des Denkens, im Gegensatz zur wollenden und fühlenden Tätigkeit des Bewusstseins, verstehen. Aber man darf nicht vergessen hinzuzusetzen, was Kant selbst betont, dass er damit nicht beweisen wolle, es gebe keinen Gott, sondern dass er im Gegenteil zugleich alle Beweise widerlegt habe, durch die man die Leugnung der Gottheit stützen zu können meint. Er zeigte nur, dass der Verstand über die Existenz der Gottheit überhaupt nichts ausmachen könne, nichts dafür, aber auch nichts dawider, und dass damit den *praktischen* Forderungen des Glaubens ein für allemal freies Feld geschaffen sei.

Die Natur ist eine Realität. Sie besteht darin, dass es in Raum und Zeit eine Ordnung des Geschehens gibt, welche undurchbrechlichen Gesetzen unterliegt. Dies anerkannt zu haben und als Grundsatz festzuhalten ist der Vorzug und eine unerlässliche Bedingung des modernen Kulturlebens. Auf einem Missverständnis über die Bedeutung dieses Grundsatzes beruht es dagegen, wenn die naturalistische Weltanschauung ihn dahin erweitert: »Die Realität der Naturgesetzlichkeit ist die einzige Realität, die es gibt.« Die Gegnerschaft sowohl gegen die dogmatische Einkleidung des Glaubens als gegen die Religion selbst beruht vornehmlich auf dem weit verbreiteten Irrtum, dass die Naturgesetzlichkeit alle andern Realitäten ausschlösse, dass ihr eine absolute Geltung zukäme. Das Interesse des modernen Menschen richtet sich heute ebenso einseitig auf die Natur, wie sich das Interesse des Mittelalters einseitig auf den religiösen Glauben konzentrierte. »Die Natur und ihre Gesetze will ich erkennen und anerkennen, und nichts weiter,« so sagt der glaubensfremde Naturalist.

Die Versöhnung der mittelalterlichen und der modernen Einseitigkeit ist die neue Kulturabgabe, und zur Möglichkeit ihrer Lösung den Weg gezeigt zu haben ist das unsterbliche Verdienst Kants. Die Versöhnung aber kann nicht dadurch geschehen, dass man die eine Realität der andern aufopfert, wie der Materialismus den Glauben, der Supernaturalismus die Erkenntnis, oder dass man zwischen beiden äußerlich ein Kompromiss zustande zu bringen sucht, wie es der Rationalismus anstrebt. Es hieße die Wissenschaft und damit das Hauptmittel menschlichen Kulturfortschritts aufheben, wenn man ihr aufgrund religiöser Motive Vorschriften über ihre Ziele und Ergebnisse machen wollte; und es hieße die Religion schädigen, wenn man sie aufgrund der naturwissenschaftlichen Erkenntnis in das neue Zwangsgewand einer Vernunftreligion stecken wollte. Die Versöhnung ist vielmehr nur zu erreichen, indem man beiden ihre volle Freiheit zusichert und durch allmähliche Steigerung der allgemeinen Volksbildung das Verständnis dafür erweckt, ...

... dass beide Realitäten, der Inhalt der Naturerkenntnis und der Inhalt des religiösen Glaubens, niemals in Widerstreit stehen können, weil sie sich auf gänzlich

verschiedene Gebiete des Daseins beziehen.

Man muss das gegenseitige Verhältnis der beiden Wirklichkeiten klarzulegen versuchen, und dann wird sich zeigen, dass der Religion von der Freiheit der Wissenschaft keine Gefahr droht, dass sie vielmehr diese Freiheit verlangt um ihrer eigenen Freiheit Willen. Nur muss man überhaupt die **Freiheit des Glaubens** anerkennen und nicht ein bestimmter »allein wahrer« Lehrsatz als maßgebend betrachten.

Es würde niemand einfallen, einen Widerspruch zwischen der Realität der Natur und dem Glauben an ein allgütiges und allmächtiges Wesen zu sehen, wenn Natur nur den Verlauf der Erscheinungen in Raum und Zeit bedeutete, wie sie ohne unser Zutun als unser Erlebnis aufsteigen, verschwinden und unser eigenes Dasein tragen. Und niemand hat hierin einen Widerspruch gefunden, solange die Natur nur als dieser Erscheinungskomplex galt, dessen Dasein und Gestaltung in jedem Augenblick vom Willen der des höchsten Wesens abhängig gedacht werden konnte. Erst als man dazu gelangte, in der Natur eine selbstständige Gesetzlichkeit, eine Notwendigkeit des Geschehens zu sehen, erst dann entstand der Konflikt mit den Glaubensansichten. Es ist also eine *Tat der Erkenntnis*, die aus dem wechselvollen Inhalt des Lebens die Natur herausgehoben und abgetrennt hat als ein Gebiet, das sich durch seine selbstständige Gesetzlichkeit als eine Realität für sich erweist. In der Notwendigkeit des Geschehens besteht die Realität der Natur, diese Notwendigkeit aber beruht auf dem Wesen des erkennenden (theoretischen) Bewusstseins. Für das erkennende Bewusstsein besteht nur dasjenige als real, was sich nicht widerspricht. Was in dieser Weise als real erklärt ist, nennen wir wahr; was widersprechende Eigenschaften besitzt, dem sprechen wir die Realität ab. Es ist für das erkennende Bewusstsein nicht vorhanden. Deswegen kann es aber sehr wohl Realität für das Bewusstsein überhaupt, auch für unser individuelles Bewusstsein haben, denn wir sind ja nicht bloß erkennende Wesen, sondern auch *fühlende*. Wir sehen einen Menschen in hellem Mantel und meinen daher, es sei unser Freund; aber unser Freund trägt einen Bart, und beim Näherkommen sehen wir, dass dies hier nicht zutrifft. So sprechen wir der Erscheinung die Realität ab, der Freund X zu sein. Vielleicht würde uns eine nähere Untersuchung zeigen, dass er es doch ist; gleichviel, seine Realität wird erst dann anerkannt, wenn sich keine widersprechenden Merkmale mehr ergeben. Sie besteht in dieser Widerspruchslosigkeit. Deswegen aber hört die Erscheinung nicht auf, real in anderer Weise zu sein; was wir sehen und hören ist nicht aufgehoben, ebenso wenig was wir etwa dabei fühlten und wollten. In gleicher Weise erzeugt das Erkennen aus unserm realen Erlebnis eine neue Realität, die der Natur, als einer widerspruchslosen Gesetzlichkeit.

Alles was wir erleben, fühlen, wollen, behält seine ***Realität als Empfindung, Gefühl und Wille.***

*Aber als **reale Natur**, insofern sie naturgesetzlich ist, erkennen wir nur das an, was unsere Erkenntnis **widerspruchslos** zusammenfügt.*

Deswegen ist Natur im Sinne der Wissenschaft nie fertig; sie wird fortwährend geschaffen durch die Erkenntnis als ein gesetzmäßiger Zusammenhang, dessen Inhalt durch neue Beobachtungen immer wieder korrigiert wird. Wenn eine neue Erfahrung zeigt, dass Widersprüche mit Gesetzen entstehen, die wir für real hielten, wird solange an den Erfahrungen oder an den Gesetzen korrigiert, bis der Widerspruch verschwindet. Und allein aus dieser Widerspruchslosigkeit begründet sich der Anspruch auf Realität der Natur als einer allgemeingültigen Gesetzlichkeit. Was wir die Notwendigkeit des Naturgeschehens nennen, ist nichts anderes als das Gesetz des erkennenden Bewusstseins; beide bedeuten dieselbe objektive Weise, wodurch Gegenstände in Raum und Zeit naturgesetzlich bestimmt werden. Denken wir an die naturgesetzlichen Veränderungen dieser Gegenstände im Raume, so gebrauchen wir den Ausdruck »Natur«; denken wir an dieselben Veränderungen, wie sie sich im mathematischen Gesetz und Begriff darstellen, so sprechen wir von Naturerkenntnis. Immer aber handelt es sich um dieselbe Realität, die Erzeugung von Objekten durch die Bestimmungen des Erkennens, die nur möglich sind durch den theoretischen Grundsatz; alle Veränderungen der Dinge unterliegen einer allgemeingültigen Gesetzlichkeit.

Für dieses erkennende Bewusstsein gibt es keine Bestimmungen darüber, welchen Wert die gesetzlichen Vorgänge etwa an und für sich haben; als Naturgeschehen ist das eine genau so berechtigt wie das andere, ob die Molekeln sich zersetzen im verwitternden Fels der Wüste oder im Gehirn des Machthabers über Millionen; ob Welten entstehen, oder vergehen; ob Mörder geboren werden, oder Heilige; es ist eben beides notwendig bedingt. Aber als Menschen wissen wir, dass es neben dieser Realität des Naturgeschehens eine andere Art der Bestimmung gibt, die uns ungleich wichtiger ist, das ist die Bestimmung des *Wertes*, den die Vorgänge für unser Gefühl haben. In dieser Bewertung wird eine neue Realität gesetzt, die zugleich unabhängig ist von dem theoretischen Gesetze, und hierauf beruht die Unabhängigkeit der Religion von allen Aussagen der Erkenntnis.

Für das erkennende Bewusstsein ist, wie gesagt, nur das real, was sich beweisen lässt; zu diesem Zwecke müssen Voraussetzungen gemacht werden, die wieder andre Voraussetzungen erfordern, und so fort bis ins Unendliche. Alle Naturerkenntnis ist daher relativ; jedes Ereignis ist allerdings notwendig, aber immer nur in Bezug auf ein anderes, wodurch es bedingt ist. Dass jedoch überhaupt solche Ereignisse existieren, dass Natur und Erfahrung vorhanden sind, das ist als Ganzes genommen nicht notwendig, sondern zufällig. Wären wir also allein durch die Natur bestimmt, so wäre unsere eigene Existenz nur zufällig. Es lässt sich auch auf keinerlei Art beweisen, dass es nicht so sei; wer die theoretische Erkenntnis als die einzige Realität anerkennt, muss sich als ein zufälliges Naturprodukt betrachten; ja streng genommen müsste er sogar erst beweisen, dass er existiert, und dies könnte ihm auf theoretischem Wege nie gelingen.

Zum Glück aber ist ein solcher Beweis bekanntlich nicht erforderlich; wir sind unsrer Existenz sicher, jedoch nicht darum, weil wir erkannt werden, sondern weil wir uns selbst *fühlen*. Das Gefühl gibt uns die absolute Gewissheit, die weder bewiesen zu werden braucht, noch widerlegt werden kann. In Bezug auf dieses Selbstgefühl erhalten nun sämtliche Erfahrungen einen Wert, und dadurch bekommen sie eine neue Form der Realität. Die Realität, welche die Dinge als Natur durch die Erkenntnis haben, wird davon nicht berührt, ihre gesetzliche Bedingtheit bleibt unangetastet. Aber dass überhaupt Erkenntnis und damit Natur ist, dieses Ganze der Erfahrung empfängt nun erst seine Realität durch die Gewissheit, dass es einen Wert für unsre Existenz hat. Dieser Wert, den der Inbegriff alles Daseins dadurch erhält, dass unser Gefühl diese unendliche Existenzfülle umfasst und in ein Verhältnis zu unserm Ich setzt, ist der *religiöse* Wert. Er ist also nicht nur unabhängig von der Erkenntnis, sondern er sichert uns sogar erst ihre Realität, indem er die relative Bedingtheit der Naturobjekte untereinander zu absoluter Geltung erhebt durch den Glauben – eine Gewissheit des Gefühls –, dass die Natur als Ganzes kein Zufall ist. Realität bedeutet eine gesetzliche Beziehung auf die Einheit des Bewusstseins geschieht diese Beziehung durch das theoretische Denken, so haben wir Naturnotwendigkeit; geschieht sie durch den Willen, wie etwas sein soll, so haben wir Moral; geschieht sie durch die Fantasie als das Gefühl, wie es die Vorstellung der Übereinstimmung von Sein und Sollen erweckt, so haben wir Kunst; geschieht sie endlich durch das Gefühl dieser Übereinstimmung als einer Gewissheit, in der unser Ich lebt, so haben wir Religion.

Man meine nicht, dass diese Realitäten nur subjektive Vorstellungen sind. Da wir einmal denkende, wollende, dichtende, fühlende Individuen sind, so werden sie natürlich als die psychischen Funktionen unseres Ich, die wir Verstand, Wille, Fantasie, Gefühl nennen, uns bewusst; aber darum bestehen sie nicht bloß in diesen subjektiven psychologischen Akten, sondern sind Ordnungen aller Arten des Seins, Bestimmungsweisen, in denen der Inhalt des Bewusstseins reale Einheiten erzeugt und wirklich ist. Sie sind nicht Produkte des individuellen Beliebens. Und so ist auch der Inhalt des Glaubens eine objektive Realität, nur nicht wie die Natur, indem er Objekte in Raum und Zeit schafft, sondern indem er das Verhältnis dieser Objekte zur Persönlichkeit feststellt. Diese Realität unterscheidet sich von der Natur dadurch, dass sie nicht, wie diese, für alle Objekte allgemeingültig ist, sondern dass sie, entsprechend dem Wesen des Persönlichen, als Wert eine eigenartige Beziehung für jede religiöse Persönlichkeit darstellt. In Bezug auf die Natur gibt es nur eine Möglichkeit zu sein, das notwendige Sein; im Verhältnis zur Gottheit aber gibt es, weil es auf dem Gefühl beruht, unendlich viele Möglichkeiten zu sein, *ein jeder muss auf seine eigene Weise zu seinem Glauben kommen.*

Die verschiedenen konfessionellen Formen, welche die Religion annimmt, bedeuten gewiss verschiedene Stufen der Vollkommenheit, sowie ja auch die verschiedenen Persönlichkeiten verschiedene Stufen der Entwicklung zum Ideal darstellen, aber für jede einzelne gilt die volle Realität der religiösen Wirkung. Die mannigfachen Bekenntnis- und Kultusformen widersprechen sich nur dann, wenn man ihren Inhalt – irrtümlich – als Naturerscheinungen in Raum und Zeit auffasst, denn für das theoretische Denken sind widersprechende Aussagen nicht real; aber ihre wahre Realität als Werte beruht ja auf dem durch das Gefühl gegebenen Glauben, und in dieser Hinsicht ist kein Widerspruch vorhanden, die unendliche Macht der Gottheit ist in jedem Gläubigen in seiner eigenen Art wirksam und lebendig.

So wenig man die Drehung der Erde als ethisch oder unethisch bezeichnen, so wenig man die Dankbarkeit nach Metern oder Gramm berechnen kann, ebenso wenig **besteht ein Schluss von den Objekten des Glaubens auf die Objekte des Wissens, oder umgekehrt.**

Aus dem sinnlosen Wüten der Natur Gründe gegen die Existenz einer Gottheit entnehmen zu wollen ist eben so unberechtigt, wie sein Dasein aus der scheinbaren Zweckmäßigkeit der Organismen zu beweisen. Nicht minder ist es verkehrt, das Eintreten irgendeines Naturereignisses aus der Allmacht der Gottheit zu erklären, oder eine bisher nicht erklärliche Erscheinung auf eine mystische Ursache zurückzuführen. Das heißt die Gottheit aus seiner unangreifbaren Höhe über der Natur in die Grenzen der menschlichen Erkenntnis herabziehen und ihn zum Mittel innerhalb der Natur erniedrigen, indem man ihn zu den Gegenständen der Erfahrung in das Verhältnis von Ursache und Wirkung bringt. Ursache und Wirkung aber, d. h. das Kausalgesetz, sind Mittel der Erkenntnis, eine Form der Naturnotwendigkeit, wodurch der Inhalt unsrer Erfahrung in Raum und Zeit geordnet wird. Glaube dagegen bezeichnet ein Verhältnis des **Vertrauens** in unsre Erfahrung, überhaupt. Vertrauen, sich auf etwas verlassen, das heißt nicht auf das notwendige, gesetzliche Eintreten eines Ereignisses rechnen – dann bedarf es keines Vertrauens mehr – sondern Vertrauen ist ein Gefühl, ein Verhältnis zwischen freien Persönlichkeiten. Einem Menschen vertrauen heißt ihm glauben ohne Beweise. Ohne Grund und ohne Zwang muss Vertrauen entspringen im Verkehr ethischer Personen, und so muss unser religiöses Verhältnis zur Gottheit aus Freiheit, aus freier Offenbarung hervorgehen. Dieses Verhältnis kann bestehen, ganz gleichgültig, wie das Weltgeschehen als wirklich erkannt wird; es kann bestehen von Person zu Person, von Mensch zur Gottheit, auch wenn die Beziehungen zwischen den Individuen ganz andere wären, als sie durch die gegenwärtigen Gesetze der Natur bedingt sind. *Deswegen ist Religion als ein Gefühlsverhältnis gänzlich unabhängig von allen Resultaten der Naturwissenschaft und von allen etwaigen künftigen Entdeckungen.* Wen ich liebe, den werde ich lieben, und wenn ihr zehnmal meint, mir das Gegenteil beweisen zu können.

Aus demselben Gesichtspunkt ist der Einwurf abzuweisen, dass das Übel in der Welt, wodurch Menschen und alle Wesen so viel und schmerzlich zu leiden haben, ein Beweis gegen die Existenz der Gottheit sei. Das ist die Frage der »Theodizee«, d. h. die Frage, ob unser Vertrauen auf die unendliche Macht der Gottheit sich rechtfertigen lasse, wenn man erwägt, wie viel Schmerz, Leid und Sünde in der Welt sie gestattet. Diese Frage ist aber nicht zulässig, da sie ebenfalls aus Gründen der Erkenntnis einen Schluss ziehen will auf Tatsachen des Gefühls. Es ist das gerade so, als wollte man eine Mutter fragen, ob die Liebe zu ihrem Kinde sich rechtfertigen lasse angesichts all der Sorgen, die ihr der Gedanke an seine physischen und geistigen Unvollkommenheiten mache. Die Frage wäre berechtigt, wenn man das Dasein der Gottheit aus der Einrichtung der Welt durch den Verstand beweisen müsste. Dann hätten wir zu untersuchen, warum das Übel in der Welt sei und wie die Welt hätte besser konstruiert werden können; und wir würden sehr bald einsehen, dass wir als endliche Wesen in keiner Weise imstande sind, den Gesamtzusammenhang der Dinge zu überblicken und zu begreifen, warum der Kampf mit dem Leiden uns notwendig ist. Aber alles Dies gehört ja zu dem Verfahren des erkennenden Bewusstseins, während der Glaube an die Gottheit seine Realität im Gefühl hat. Und gerade aus dem Gefühl des Leidens entsprießt dieser Glaube am reinsten. Gegen dieses *Gefühl* des Vertrauens auf die Gottheit, worin der Glaube an seine Allmacht und Güte wurzelt, kann kein Beweis aus der Erkenntnis ins Feld gefühlt werden; das Gefühl gibt immer die Gewissheit, dass die Einwürfe des Verstandes auf der Unfähigkeit beruhen, in die unendliche Weisheit und den Weltplan der Gottheit einzudringen. Wenn also jemand sich darauf beruft, er könne nicht an einen Gott glauben, weil die Welt zu schlecht sei, so kann dies Bedenken immer nur subjektiv für diesen einzelnen gelten, aber es lässt sich darauf kein allgemeingültiger Beweis gründen. Auch hier kann Erkenntnis weder für noch gegen die Religion entscheiden.

3. Lösung des Zwiespalts zwischen Wissen und Glauben

Religion ist nicht Erkenntnis, sondern Gefühl, wie wir weiter oben gesehen haben. Und dieses ist nicht logisch und braucht es nicht zu sein, nur darf es auch nicht die Energie des Denkens hemmen. Aber, so wird man mit Recht sagen, mag das theoretische wie das religiöse Bewusstsein seine Objekte nach eigenen Gesetzen erzeugen, gleichwohl sind sie im lebendigen Menschen beide vorhanden, der denkende und der fühlende Mensch sind dieselbe Person, und in der Einheit der Person muss daher **Wissen und Glauben ohne Zwiespalt bestehen können**. Gewiss, und dies wird geschehen, sobald die Person sich dieser ihrer Doppelbeziehung bewusst ist; sie wird dann imstande sein, den religiösen Inhalt ihres Vorstellungslebens rein zu erhalten von allen Störungen des theoretischen Zwanges, der aus der historischen Entwicklung des Kulturlebens stammt.

Es ist wahr, wir können den Weltzusammenhang nicht in unser Gefühl aufnehmen, ohne uns gewisse Vorstellungen zu machen über das Verhältnis dieses Weltzusammenhanges zu unserm Ich und zu der unendlichen Macht, der wir vertrauen. Damit hierbei weder das Wissen noch der Glaube beeinträchtigt werde, gibt es, wie mir scheint, zwei Wege für den religiösen Menschen, zwischen denen die Wahl freisteht; und diese Wahl darf nur frei vollzogen werden aus dem eigenen Bedürfnis des Gemüts heraus. Ich meine, *entweder Religion ohne »alleinig wahre« Lehrsätze (Dogmen) oder ein Bekenntnis, dessen Glaubenssätze den Charakter rein religiöser Wertbestimmungen tragen.*

1. Weg: Religion ohne »alleinig wahre« Lehrsätze.

Dieser Weg wird denjenigen nahe liegen und der sympathischere sein, die von der naturwissenschaftlichen Betrachtung der Dinge herkommend die Vermittlung mit dem religiösen Leben suchen. Sie werden sich sagen, dass es mit dem Wesen der Religion, als des Vertrauens in die unendliche Macht, nichts zu tun hat, wie wir speziell die Mittel uns vorstellen, die jener Macht durch ihr eignes Wesen oder das Wesen der Welt zur Verfügung stehen, wenn wir nur die Gewissheit jenes Vertrauens in uns erleben. Ob wir uns die Welt von einem höchsten Wesen geschaffen denken, oder ob wir ihre Entwicklung als eine Entfaltung des göttlichen Wesens betrachten, ob wir die Natur als einen Mechanismus oder als einen Organismus ansehen, ob wir die Seele als eine unveränderliche Substanz oder als eine Funktion des Lebens auffassen, das sind an sich höchst wichtige Fragen, aber es sind theoretische Fragen. An ihrer Beantwortung hängt nicht das religiöse Fühlen, sondern, wie auch die Antwort ausfallen möge, das Resultat kann stets unter religiösem Gesichtspunkt betrachtet werden. Dies beweist die Geschichte der Religionsgemeinschaften und der Philosophie: Es gibt keine Theorie der Natur und keine Vorstellung von einem höchsten Wesen, die nicht mit der Kraft religiösen Lebens verbunden sein könnte; wobei selbstverständlich zugegeben ist, dass die verschiedenen Stufen der Religion sich durch ihre geringere oder größere Vervollkommnung als Kulturzustände unterscheiden. Aber das Ewige der Religion liegt eben darin, dass sie nach den wandelbaren Einsichten der Menschen in den Weltzusammenhang nicht zu fragen hat; darum ist sie ein allgemein menschliches Besitztum und dem einzelnen so unendlich wertvoller als alle Wissenschaft. Darum ist sie in dem abergläubischen Wilden nicht minder mächtig als in dem hochzivilisierten Kulturvolk. Darum kann der wissensfremde Naturmensch, dem die Sterne sich mit der großen Kristallkugel des Himmels um die Erde drehen, oder der ungelehrte Mann, der nichts weiß von dem Energieaustausch der Molekeln, religiös nicht anders fühlen wie der Forscher, der auf der Höhe des Wissens sich über die Gesetze der Natur Rechenschaft gibt. Denn unser Wissen ist allzumal Stückwerk, und es kommt für die Religion nicht darauf an, wie klein oder wie groß das Stückchen Wahrheit ist, das in einer bestimmten Zeitperiode oder für einen einzelnen Menschen widerspruchslos dasteht, sondern es kommt darauf an, mit welchen Gefühlen der inneren Bescheidenheit und Ehrfurcht wir der erklärten Wahrheit gegenüberstehen; nicht bloß dieser, sondern auch dem Unerklärbaren, von dem immer ein Rest bleibt.

Es ist wahr, dass die Natur ein undurchbrechlicher Kausalzusammenhang ist; dass wir diesen erleben und mit Gefühlen begleiten, bleibt darum nicht minder wahr. Und wenn diese Gefühle als die Gewissheit auftreten, jener Kausalzusammenhang in Raum und Zeit ist ein Mittel, damit der Selbstzweck der ethischen Person in ihm verwirklicht werde, so bestehen die religiösen Werte als Realität unbeschränkt durch die Realität der Natur. Man sollte nur, wenn »wahr« dasjenige heißt, was durch Erkenntnis feststeht, **nicht von religiösen »Wahrheiten«, sondern besser von religiöser »Gewissheit« sprechen.** Denn diese kann als Gottvertrauen bestehen, wie auch inhaltlich die für wahr gehaltene Lehre lautet. Deshalb ist das Misstrauen gegen die sog. Vernunftreligionen berechtigt, die es für erforderlich erachten, die Ergebnisse philosophischer Weltbetrachtung in Übereinstimmung zu bringen mit den Bedürfnissen des Gemüts. Es liegt darin immer die Gefahr, dass die Religion in »allein wahren«

Lehrsätzen (Dogmen) verkörpert und mit diesen verwechselt wird, wenn die persönliche Gewissheit des Gefühls durch die überzeugende Kraft eines Weltbildes ersetzt werden soll.

Dass Erkennen und Glauben zusammenstimmen, dass unser innerstes Fühlen sich überall bestätigt sieht durch die Ergebnisse der Forschung, das ist ein willkommener Zustand, wenn er besteht, aber er ist an sich weder unentbehrlich, noch ist es erstrebenswert, ihn durch Opfer des Intellekts oder des Gefühls zu erkaufen. Er ist vielleicht vorhanden auf der Höhe des philosophischen Bewusstseins, aber für die Gesamtheit der Menschen, bei den zahllosen Abstufungen der Bildung, kann er nur als ein Ideal gelten, das für alle zugleich unerreichbar ist und doch ein Ziel bleibt. Denn die Wirklichkeit der Erfahrung ist Entwicklung, ist fortwährendes Ringen nach Beseitigung von Widersprüchen, und wo diese gelingt, tun sich neue Fragen auf, und das sollen sie. Erkenntnis ist ein unendlicher Prozess. Das religiöse Gefühl aber ist Ruhe in sich selbst, ist Frieden der Seele. Religion ist Vernunft, jedoch, in einem Bilde zu reden, gewissermaßen der Schwerpunkt der Vernunft, der in Ruhe bleibt, wie auch die Arbeit der Vernunft nach allen Richtungen sich ausdehnt.

Aber sollen nicht wenigstens einige Grundlehren von der Religion unzertrennlich sein, etwa der Glaube an Unsterblichkeit und an einen höchsten Wesen? Sicherlich wird Religion für die meisten Gläubigen sich vornehmlich auf diese Lehren gründen; doch unbedingt in ihrem Wesen liegt es nicht. Tatsächlich gibt es Religionen ohne diese Dogmen, und selbst eine hoch entwickelte Religion ist ohne sie denkbar. Dies ergibt sich schon aus der Unbestimmtheit der Begriffe Unsterblichkeit und Gott, die dem Glauben den freiesten Spielraum lassen. Schleiermacher nennt die Sehnsucht nach Unsterblichkeit, wie die meisten Menschen sie vorstellen, geradezu irreligiös. Denn diese Unsterblichkeit ist nur ein Hängen am Leben. Der wirklich Religiöse hat ja bereits seine Unsterblichkeit in dem Gefühle seiner Einheit mit dem Unendlichen; so zu leben, dass wir das Ewige in uns aufnehmen, heißt unsterblich sein. Und wer eine religiös ethische Persönlichkeit ist, wie kann der vergehen? Als zeitliches Individuum, ja, aber als Persönlichkeit ist er eine Selbstbestimmung des Bewusstseins, für welche Raum und Zeit erst als Mittel sich darstellen. Von diesem Bewusstsein kann man weder sagen, dass es sterblich, noch dass es unsterblich ist, weil es überhaupt nicht in der Zeit ist.

Selbst ohne den Glauben an ein höchstes Wesen kann religiöses Leben bestehen. Wollen wir das Hindernis, wodurch sich so viele durch ihre Erkenntnis von der Religion getrennt fühlen, zum Heile der Menschheit forträumen, so müssen wir jenen umfassenden Spielraum weit offen halten, in welchem Religion gestattet, ihres Segens ohne »allein wahre« Lehrsätze teilhaft zu werden. Und wer in dieser Weise religiös ist, ohne das Bedürfnis zu haben, seinen Gefühlen als Mitglied einer Gemeinde öffentlich Ausdruck zu geben, tritt damit nicht aus der religiösen Gemeinschaft heraus. Auf der andern Seite aber darf die volle Freiheit des Glaubens an ein überliefertes Bekenntnis auch nicht durch die Ansprüche einer theoretischen Weltauffassung beschränkt werden. Aus der Notwendigkeit des Naturgeschehens, aus abweichenden Resultaten der Forschung von überlieferten Lehren darf niemals ein Grund entnommen werden, das Festhalten am religiösen Werte diese Lehren anzugreifen oder gar als Mangel an Konsequenz, Mut oder Ehrlichkeit zu tadeln.

2. Weg: Rein religiöse Wertbestimmung

Es gibt noch einen zweiten Weg für den religiösen

40 Lösung des Zwiespalts zwischen Wissen und Glauben

Menschen, die Arbeit der Erkenntnis in ihrer vollen Freiheit anzuerkennen, ohne an den Sätzen eines ihm zur inneren Gewissheit gewordenen Glaubens wankend zu werden. Er besteht in dem Festhalten an einem positiven *Dogma mit dem Bewusstsein, dass es sich dabei um eine **rein religiöse Wertbestimmung** handelt*. Es ist dies der Weg, auf welchem eine Religion, ohne im Geringsten aus ihrem religiösen Charakter herauszutreten, das moderne Zeitbewusstsein in sich aufzunehmen vermag.

Was als Glaubenssatz ausgesprochen wird, dem kommt nicht die Geltung eines theoretischen Urteils zu, es wird nicht behauptet, dass sich der Inhalt desselben aus der Erfahrung in der Natur nachweisen lasse. Religiöse Ereignisse, in welchem Lichte sie sich auch der historischen Forschung darstellen mögen, sie kommen für den Glauben nur in Betracht, insofern sie als Offenbarungen des höchsten Wesen religiöse Gewissheit enthalten. Wer annimmt, dass durch die religiösen Werte die Freiheit der ethischen Persönlichkeit und damit die Seligkcit des Menschen gewährleistet ist, der gründet diese Annahme vielleicht darauf, dass gewisse Vorgänge vor Jahrhunderten sich so und so abgespielt haben; dann hat er nur eine theoretische Gewissheit von den religiösen Ereignissen, und dieselbe kann ihm durch kritische Untersuchungen geschmälert werden; aber dann ist er auch kein Gläubiger.

Gründet er dagegen seine Annahme auf religiösen Glauben, so kann ihn keine historische Ermittlung beirren. Denn was diese lehrt, ist immer nur die geschichtliche Einkleidung einer göttlichen Offenbarung. *Das wahre Objekt seines Glaubens ist nicht das historische Ereignis*, wie ihn die Erkenntnis nach ihren Gesetzen gestaltet, sondern die religiösen Werte; nicht dass in der Welt dies oder jenes geschehen ist, sondern dass es eine Heilsordnung gibt, durch welche die

Arbeit der ethischen Person ihres Erfolges oder, theologisch gesprochen, der Mensch seiner Seligkeit gewiss ist. Dieses Urteil aber bezieht sich auf Werte, deren Realität in persönlichen Gefühlen besteht, und Gefühle kann man, wie bekannt, nicht widerlegen.

Wenn nun etwa gewisse Berichte einer heiligen Schrift von der Kritik angezweifelt, oder gewisse Ereignisse von der Erkenntnis als nicht wirklich geschehen, angebliche Offenbarungen als historisch vermittelte Meinungen nachgewiesen werden, so entsteht immer noch kein Widerspruch, wenn diese Berichte und Ereignisse trotzdem als Ausdruck des religiösen Gefühls beibehalten werden, das sich in ihnen ausspricht. Denn es kommt für den Wert einer Religion doch gar nicht auf die empirischen Mittel an, auf die Zeitereignisse, die bei ihrer Stiftung wirksam waren; diese erschienen selbstverständlich den Gegnern ganz anders als den Unbeteiligten, und diesen wieder anders als den Gläubigen; für ein religiöses Ereignis besteht vielmehr seine Wahrheit in dem, was es als Gefühlsvorgang für die *Gläubigen* ist, und eben dieser Gefühlsvorgang, wie er sich in der Tatsache der Entstehung einer Religionsgemeinschaft ausspricht, ist das Unbestreitbare. Der Glaube hat sich als eine Realität erwiesen, und erweist sich als solche jeden Tag.

Wer außerhalb dieses Glaubens steht, kann durch seine Kritik vielleicht verletzen, überzeugen kann er nicht. Denn jeder, für welchen die überlieferten Berichte Teile seines Glaubens geworden sind, deren Realität religiös unentbehrlich für ihn ist, der verleiht ihnen auch die empirische Realität, indem er die widersprechenden Behauptungen einfach aus seinem Bewusstsein ausschließt. Solche Bestreitungen seitens der Forschung betrachtet er als eins der unbegreiflichen Mittel, durch welche die natürliche Entwicklung schließlich doch dem Heilszweck dienen muss. Anderseits entsteht, auch im Bewusstsein des Gegners kein Widerspruch; denn vom Standpunkt der Erkenntnis aus wird eine widersprechende Glaubensaussage als eine subjektive Illusion behandelt, die ihrerseits psychologisch zu erklären ist. Bei richtiger Trennung der Gefühls- und Erkenntniswerte braucht sich also keine der beiden Realitäten von der andren stören zu lassen.

Eine Grenze gegenüber der Erkenntnis wird trotzdem für den Glauben gezogen, aber nicht durch den Inhalt der Erkenntnis, sondern durch die Religion selbst, dass nämlich der Glaubensinhalt nicht seinem eigenen Zwecke widersprechen darf. Dieser Zweck ist, das Vertrauen zu vermitteln, dass die ethische Weltordnung durch die Arbeit der menschlichen Gemeinschaft durchführbar sei. Was also dem *Wesen der ethischen Person widerspricht, hat auch kein Recht als Objekt des Glaubens.*

Hierin liegt das einzige Mittel, die Stufen der Vervollkommnung einer Religion zu beurteilen. Die Naturreligionen, die Gottheiten wie Naturkräfte durch Kausalität wirken lassen, sind daher mit der steigenden Kultur dem Untergange geweiht gegenüber der Religion, die in den Naturkräften die Mittel sieht, wodurch das höchste Wesen die Freiheit der ethischen Gesetze realisiert. Ein Glaube an ein höchstes Wesen, das menschlichen Leidenschaften zugänglich ist, sich durch Opfer bestechen lässt, oder durch unethische Mittel wie Zauberei und dergl. wirkt, ein solcher Glaube begibt sich des Rechts, gegenüber dem Widerspruch der Erkenntnis sich auf den Gefühlswert seiner Objekte zu berufen; denn nicht jedes beliebige Gefühl, das dem Menschen genehm erscheint, ist religiös, sondern nur ein solches, das sich auf die Realisierung der ethischen Persönlichkeit bezieht»

Ethisch unberechtigt und damit sich selbst vernichtend

wäre auch eine Religion, welche die Mittel zur Verwirklichung der ethischen Arbeit aufhebt, also die Freiheit der Selbstbestimmung oder die Freiheit der Erkenntnis. In allem, was der Glaube innerhalb der ethischen Grenzen fordert, ist er der Erkenntnis keine Rechenschaft schuldig; wenn er aber der Erkenntnis verbieten will, ihrem Gesetze uneingeschränkt nachzugehen, wenn er Vorschriften machen will über das, was gewusst werden kann, so überschreitet er sein Gebiet, er wird selbst zur Theorie und setzt sich damit der Widerlegung aus. Ein krasses Beispiel: Wenn es aus religiösen Gründen, für jemand nötig wäre, die Bewegung der Erde zu leugnen, so muss dieses Recht dem subjektiven Glauben zugestanden werden, insoweit damit ein Werturteil über die Einrichtung der Welt ausgesprochen werden soll.

Wenn aber eine Glaubenslehre damit ein Resultat der Wissenschaft **als Objekt der Erkenntnis** *zurückweisen und mit Gewalt zerstören will, wenn sie der Forschung Halt gebietet, so ist sie in diesem* **Fall nicht mehr Religion.**

Sie entäußert sich ihrer der Erkenntnis unzugänglichen Freiheit, sobald sie das ethische Recht der Wissenschaft angreift. Und die Folge ist dann, dass sie in diesem Punkte das Schicksal irrtümlicher Erkenntnis teilt und im Kampfe der Kulturentwicklung unterliegt.

3.1 Religion und Staat

Es ergibt sich aus dem im Wesen der Religion liegenden Selbstbeschränkung ihrer Lehren auch das Recht des Staates, sich gegen »allein wahre« Lehrsätze der Religionsgemeinschaften zu verwahren, die den Begriff des Staates als eines Mittels zur Verwirklichung der Ethik aufheben. Diese Grenzen sind natürlich sehr schwer zu ziehen, da es sich um den Staat hier nur handelt, insofern er eine ethische Macht vertritt, nicht aber um die gerade herrschende Regierungsform, und da den streitenden Parteien die Objektivität des ethischen Urteils leicht verloren geht.

Nicht also durch die Ergebnisse der Wissenschaft kann eine Beschränkung des Glaubensinhalts begründet werden, sondern nur durch die Forderung, dass er in den Grenzen des Religiös-Ethischen bleibe.

Diese Grenzen können aber nicht allein durch den Inhalt des Dogmas überschritten werden, vielmehr auch durch seine Form. Dies geschieht, wenn der Inhalt, gleichviel wie er laute, nicht durch freie Selbstwahl angeeignet, sondern durch äußere Mittel aufgezwungen werden soll.

*Der **Glaubenszwang** widerspricht an sich der Religion; denn religiöse Werte können nur erzeugt werden durch Gefühle, welche die **freie Selbstbestimmung** der ethischen Persönlichkeit zur Voraussetzung haben.*

Das Irreligiöse des Glaubenszwanges ist durchaus nicht zu verwechseln mit der religiösen Forderung der Autorität. Die Unterwerfung unter die absolute Autorität des höchsten Wesens ist ein Bestandteil des religiösen Lebens; das fromme Gemüt will der unendlichen Macht und seinem Gebote bedingungslos überliefert sein, und es will seine eigene Schwäche auf die Realität dieser absoluten Macht stützen. Aber das will es nur aus eigner *freier Entschließung*, aus innerer Zustimmung, nicht aufgrund eines äußeren Zwanges. Diese Autorität widerspricht also nicht der Autonomie der Vernunft, sondern setzt sie voraus. Sie kann die Selbstständigkeit der einzelnen Kulturgebiete nicht begründen, wie es die Idee der Menschheit verlangt, sondern nur dem frommen

Gemüt seine Seligkeit sichern. Sie führt daher auch nicht auf eine heteronomische Begründung der Erkenntnis oder Moral; denn sie muss diese Gebiete als autonom anerkennen, um sie überhaupt in der Einheit des Glaubens zusammenschließen zu können. Dass eine bestimmte Lehre auf Offenbarung beruhe, gibt ihr erst dann Autorität, wenn sie als eine innere Offenbarung im persönlichen Erlebnis des einzelnen erwacht. Dies aber kann niemals durch äußere autoritative Mittel erzwungen werden. Ein solcher Zwang ist vielmehr der größte Feind echter Religiosität, und es ist hauptsächlich diese formale Seite der »allein wahren« religiösen Lehrsätze, welche die verbreitete Abneigung gegen das religiöse Leben zur Folge hat.

Solange der Staat, wenn nicht durch seine Gesetze, so doch durch seine Institutionen, und die Gesellschaft durch ihre überlieferte Gewohnheit einen gewissen Zwang ausüben, solange wird gerade den selbstständigen Naturen die freiwillige Unterwerfung unter die Macht der Religion erschwert. Die Zugehörigkeit zu einer Religionsgemeinschaft gilt als gern gesehen, ja, sie ist für gewisse Berufskreise nicht zu umgehen; die Abwendung von der Religionsgemeinschaft ist unliebsam und erweckt Misstrauen Formen der Religionsgemeinschaft sind mit dem öffentlichen Leben, mit der Jugenderziehung verflochten, die Religionsgemeinschaft selbst ist politisch nicht unabhängig. Diese Verquickung von religiösem Bekenntnis mit gesellschaftlicher Anerkennung wirkt tatsächlich in der Form eines beständigen Zwanges, selbst wo ein solcher rechtlich nicht besteht und ethisch nicht beabsichtigt ist. Historisch ist das alles verständlich, aber die historischen Formen den neuen Lebensansprüchen anzupassen, das eben ist die Forderung der Zeit. Der moderne Mensch will Autonomie, Selbstbestimmung aufgrund des Vernunftgesetzes. Das religiöse Leben tritt ihm meist in der Form des autoritativen Zwanges gegenüber. Deshalb glaubt er, Religion müsse überhaupt bekämpft werden, weil sie die Autonomie der Vernunft aufhebe. Das ist ein Fehlschluss; aber um ihn als solchen zu erkennen, muss freilich erst anerkannt werden, dass es dem Wesen der Religion widerspricht, sich durch andre Mittel zu behaupten als durch das Gefühl der inneren Gewissheit.

Vernunft ist Einheit des erkennenden, des wollenden und des fühlenden Bewusstseins, Einheit der Gesetze von Natur, Moral und Leben, Einheit der Gesetzgebung überhaupt als Selbstbestimmung. Dass eine solche Einheit besteht, nicht nur in unserm vergänglichen Ich, sondern als eine unendliche Macht der Weltgestaltung zur Verwirklichung des Guten, das ist das Gefühl des Vertrauens, das die Religion gewährt. Meine Ausführungen suchen zu zeigen, dass keine wissenschaftliche Erkenntnis uns verwehren kann, diesem religiösen Gefühl uns hinzugeben, sei es, dass wir auf einen dogmatischen Zusammenschluss verzichten, sei es, dass wir in historisch vermittelten Glaubenssätzen den Ausdruck unsrer religiösen Überzeugung finden. Nur muss es allem Zwang entzogen sein, wie ein jeder seinen Weg findet, und es gibt dafür keine allgemeingültige Vorschrift als die einschränkende, dass wir nicht aufhören als eine ethische Persönlichkeit der verpflichtenden Kraft der Ethik uns bewusst zu bleiben.

Nur noch einige Worte zur Aufklärung gegenüber den Einwänden, die gegen die Trennung der Objekte des Glaubens und des Wissens gemacht zu werden pflegen.

3.2 Trennung von Objekten des Glauben und Wissens

Wer das Gefühl der Gewissheit hat, dass seine heiligsten

Ideale als eine reale und unendliche Macht existieren, dem kann man natürlich nicht beweisen wollen, dass er diesen Glauben nicht besitze. Aber jene, die sich selbst für »Ungläubige« halten, sagen dann, sein Glaube sei eine subjektive Erdichtung, eine täuschende Vorstellung, der kein wirkliches Objekt entspreche. Mit einem Worte: Die Trennung der Glaubensobjekte von denen des Wissens führe zum *Illusionismus*.

Dieser Einwand beruht auf dem Irrtum, dass man nur *das* glauben könne, was man weiß. Aber Glauben heißt »für wahr halten« aus **subjektiven** Gründen, Wissen aus **objektiven** Gründen. In den subjektiven Gründen sind neben theoretischen vor allem Motive des Willens und Gefühls vorhanden, in den objektiven nur theoretische. Deswegen brauchen eben die beiden Gebiete sich nicht zu decken, und dasjenige des Glaubens ist das weitergreifende. Also, sagt man, so gebt ihr ja zu, dass die religiösen Werte subjektiven Charakter tragen, also sind sie nur Illusion!

Nur? Ein merkwürdiger Schluss! Alle Realität ist ja doch subjektiv vermittelt. Zahnschmerzen sind doch wohl auch subjektiv, aber wer einmal hat daran glauben müssen, wird an ihrer Realität nicht mehr zweifeln. Für ihn sind sie keine Illusion. Und selbst die Illusion hat Realität, Wonnen und Schrecken erleben wir auch im Traum. Indessen, es wäre mit der Realität der Glaubensobjekte schlecht bestellt, wenn sie sich auf diese Art der Realität beschränken müssten; dies bestreiten wir ja gerade.

Die Beispiele sollten nur zeigen, wie eben die subjektiven Realitäten die Entscheidung darüber bringen, dass wir selbst als fühlende Wesen noch in einer ganz andern Art existieren, als sich durch objektive Gründe mit Hilfe der Erkenntnis nachweisen lässt. Es ist nicht die durch das Wissen vermittelte objektive Realität, die unsere Existenz garantiert, sondern unser Dasein hängt an der subjektiven Tatsache, dass wir jene *erleben*, jeder auf seine Weise. Und ebenso wenig, wie dieses Selbstgefühl Illusion ist, ebenso wenig sind die Glaubensobjekte Illusion; natürlich nicht alles, was irgendjemand gerade zu glauben Lust hat, aber dasjenige, was ihm zu glauben unerlässlich ist, insofern sein Selbstgefühl als ethische Persönlichkeit daran hängt.

Man ist nur heutzutage so gewöhnt, Realität mit Naturgesetzlichkeit und Gegenständlichkeit in Raum und Zeit zu identifizieren, dass es nicht jedermann versteht, was es heißt: Es gibt auch eine Realität der Freiheit, ein Reich der Werte, dessen Allgemeingültigkeit nicht darin besteht, in Raum und Zeit nach Naturgesetzen sich zu fügen, sondern Einheiten des Bewusstseins zu bilden, Persönlichkeiten, für welche und durch welche erst die Dinge in Raum und Zeit ihre Objektivität erhalten. Dass es überhaupt Naturerkenntnis gibt, nehmen wir an, weil wir innerlich gewiss sind, dass unsere Erfahrung auf einer durchgängigen Gesetzlichkeit beruht, die wir als Raum, Zeit und Inhalt überall antreffen müssen. Und so ist es die subjektive Realität, die ihrerseits bewirkt, dass die objektive keine Illusion und die Erkenntnis kein Gaukelwerk unseres Verstandes ist.

3.3 Missbrauch und Gefahren

Der Missbrauch, der mit der Religion getrieben worden ist, indem man sie als Zwangsmittel für irdische Zwecke benutzte, hat das Misstrauen großgezogen, das uns so vielfach die Freiheit des Glaubens hemmt. Aber es ist auch eine Intoleranz von Seiten der Erkenntnis, das Recht des Glaubens nicht gestatten zu wollen. Nur seine Übergriffe verdienen bekämpft zu werden. Dass auch das Recht der

Erkenntnis im letzten Grunde auf einem Glauben beruht, bedeutet an sich keinen solchen Übergriff. Man darf darauf nicht unwillig entgegnen: warum dann überhaupt noch Erkenntnis? Warum begnügen wir uns nicht mit dem Glauben? Dann haben ja wohl diejenigen recht, welche die Umkehr der Wissenschaft predigen und der Religionsgemeinschaft die alleinige Befugnis zusprechen, zu entscheiden, was wir glauben dürfen?

Gegen diese kulturfeindliche Folgerung schützt uns die Unabhängigkeit beider Realitäten in ihren Mitteln, Objekte zu erzeugen. Im »letzten Grunde« ruht die *Möglichkeit* der Erkenntnis auf dem Glauben, dass es eine Einheit der Bestimmung für alles Seiende gibt, aber dieser »letzte Grund« ist eben die Einheit der Vernunft selbst. Gerade als Glaube bewirkt sie, dass wir die Erkenntnis als ein selbständiges Gebiet der Realität mit ihr allein zugehörigen Gesetzen anerkennen müssen, eine unabhängige Richtung der Kultur.

Ohne die objektive Ordnung des Naturgesetzes in Raum und Zeit wäre die Welt sinnlos; sie ist eine unumgängliche Bedingung dafür, dass die Selbstbestimmung der Persönlichkeit sich durch ihre Arbeit als eine ethische Macht erweise. Verlangt die Religion, dass wir die Welt als Mittel zu unserer ethischen Vervollkommnung behandeln, so verlangt sie auch, dass wir die Herrschaft über die Welt erlangen. Und das können wir nur, wenn wir ohne jede Rücksicht auf unsere Wünsche, Hoffnungen und Ideale mit unbeschränkter, **vorurteilsloser Forschung** die Objekte bearbeiten, im heißen Bemühen und Ringen der Erfahrung feststellen, was da ist, um die Natur unsern Zwecken zu unterwerfen.

Die Natur dient der Kultur nicht in Form der Erkenntnis, wenn man sie nach Magier-Art beschwört oder nach Stimmungen des Gemüts sich zurechtlegt, sondern nur, wenn man sie zergliedert und berechnet nach der Methode ernster Naturforschung und ihre Gesetze zu enthüllen sucht durch die Mühe der wissenschaftlichen Arbeit. Es gibt nur *ein* Ziel für die Erkenntnis, die **Widerspruchslosigkeit** des Weltinhalts. Soweit dieser Weltinhalt widerspruchslos festgestellt ist, soweit ist er eine Realität. Ob diese unserm religiösen Glauben entspricht, darauf kommt es nicht an, weil dieser durch einen etwaigen scheinbaren Widerspruch in seiner Geltung als Wert nicht beeinträchtigt werden kann.

Die Objekte des Wissens, die uns die Forschung enthüllt, sind für den Glauben immer nur die Mittel, deren wir uns zum Ziele unserer ethischen Arbeit zu bedienen haben. Das Ziel steht fest, die Mittel haben wir durch die Erkenntnis zu gewinnen; und sie rein zu gewinnen ist eine Bedingung dafür, dass uns die Annäherung an das Ziel, die Verwirklichung des höchsten Gutes, gelingt. Daher ist die Forderung der vollen Freiheit der Wissenschaft geradezu eine religiöse Pflicht. Aber das feststehende Ziel des Glaubens darf nicht verwechselt werden mit dem Ziele der Forschung. Dieses eben steht nicht fest und darf nicht festgestellt werden. Das hieße die Forschung aufheben.

Es gibt keine theoretische Wahrheit, die aus einer andren Quelle stammt als aus der Forschung.

Eine Einmischung des Glaubens in das Gebiet der Erkenntnis bedeutet eine Verfälschung der Wirklichkeit in Raum und Zeit durch Hineintragen von Werten, die in ihr nicht vorhanden sind, sondern über ihr liegen; es hieße die ethische Arbeit *überspringen*, die allein zum Ziele führt, und somit das Ziel verfehlen; es hieße die Welt der Gesetzmäßigkeit in Willkür auflösen; es hieße damit die Herabwürdigung ihrer göttlichen Bestimmung selbst vollziehen. Und dies würde sich im Kulturleben über kurz oder lang dadurch zeigen, dass an die Unfreiheit und den Verfall der Wissenschaft sich die Unfreiheit des persönlichen Bewusstseins, damit der Verfall der Moral, der Gesellschaft und der Religion selbst knüpfen würde.

Der Glaube, der sich die Erkenntnis zu unterwerfen sucht, begibt sich aus seiner Freiheit in das Feld, wo ihre Waffen gelten, und dort unterliegt er, weil er seine Bestimmung verleugnete. Dort soll er unterliegen.

In dieser entschiedenen Erklärung liegt nun zugleich die Zurückweisung des Einwandes, dass unsere Anerkennung einer Realität der Glaubensobjekte über der Natur zum Supernaturalismus und Mystizismus führe. Ein Vorwurf wäre dies doch nur dann, wenn dadurch das Gebiet der Erfahrung dem Eingriff übernatürlicher Gewalten überantwortet würde. Aber gerade diese Gefahr religiöser Schwärmerei wird verhütet, wenn man sich die ganz anders geartete Realität der Glaubensobjekte klar macht; sie sind eben nicht Teile der Natur, kosmische Kräfte, Ursachen, die in Raum und Zeit wirken, sondern sie sind Beziehungen des Naturgeschehens auf Zwecke, die nicht in der Natur liegen und deshalb nichts an ihr ändern. Alle Unterschiede in der Natur sind Unterschiede des Inhalts in Raum und Zeit und nur durch ihre eigene Gesetzlichkeit bestimmt. Aber mit welchen Gefühlen wir diese Unterschiede in unser persönliches Leben aufnehmen, darüber sagt uns die Naturnotwendigkeit nichts. Und nur in diesem Reiche der Wertbestimmung durch die Persönlichkeit befinden wir uns jenseits der Natur.

Die Anerkennung einer ursprünglichen, daher nicht weiter zu erklärenden Tatsache als der Voraussetzung der Entwicklung alles Geschehens ist niemals zu umgehen; dieses ursprüngliche Wunder allein, dass es Gesetze gibt und Persönlichkeiten, die sich derselben bewusst sind, das ist das

Überempirische, in welchem unsre Einheit mit dem Höchsten wurzelt. Allerdings liegt hierin ein supernaturalistisches und mystisches Element, und das ist auch im religiösen Leben unentbehrlich; es ist das geheimnisvolle Rätsel des Menschendaseins, dass wir wollen und fühlen, dass wir Gesetze vorschreiben, wie wir sein sollen, und doch in der Natur uns nur zu erkennen vermögen, wie wir sein müssen. Dieses Rätsel löst die Religion im Gefühl der Gemeinschaft mit dem Höchsten. Aber die Befürchtungen, die man mit Recht an die Übergriffe des Supernaturalismus und Mystizismus knüpft, sind keine Folgen unseres Standpunktes. Alle Möglichkeit der Erfahrung beruht auf einem transzendentalen Grunde, der nicht mehr Erfahrung ist. Wollte man hieraus schließen, dass ja dann die Arbeit der Erfahrung überflüssig ist, dass man sich begnügen sollte, sich auf die Transzendenz des Persönlichen zurückzuziehen, sich in mystischer Grübelei der Weltflucht zu ergeben, so würde man das Wesen der ethischen Arbeit verkennen und damit das Recht der Religion selbst aufheben.

Nicht in der überempirischen Wurzel liegen die Gefahren, welche die Religion mit sich führen kann und mit sich geführt hat, sondern in dem Missbrauch der Religion im Empirischen. In der irdischen Gemeinschaft der Menschen dürfen nur die Mittel dieser Wirklichkeit gelten, die treibenden Gefühle sind zu zügeln durch das Gesetz der Vernunft; auch das ist eine religiöse Forderung, dass wir die Grenzen der Religion innehalten und sie nicht berechtigten Angriffen aussetzen.

3.4 Wunderglaube

Wenn die Objekte des Glaubens ihre eigenartige Realität bewahren, wenn sie sich vor allem davor hüten, ihre persönliche Gewissheit noch künstlich theoretisch stützen oder gar aus der wissenschaftlichen Erkenntnis erst begründet zu wollen, so ist damit nicht gesagt, dass alsdann die religiösen Vorstellungen von dem Fortschritt der Kultur ausgeschlossen würden. Die Kulturentwicklung ist bedingt durch den Fortschritt der Erkenntnis, denn dieser enthüllt und erweitert die Beziehungen zwischen den menschlichen Individuen und ihrer Umgebung, er verstärkt und verfeinert die Mittel, wodurch die Persönlichkeit ihrer ethischen Aufgabe sich bewusstwird. Dies wirkt zurück auf die religiösen Vorstellungen, nur nicht in dem Sinne, dass sie dadurch erst ihre Geltung erlangen, sondern so, dass sich der religiöse Kern reiner von der Einkleidung ablöst, die aus dem jeweiligen Bildungszustande der Zeit, des Volkes, des Individuums stammt.

Daher das Streben, aus dem historischen Ausdruck des Glaubensinhalts solche Bestandteile zu entfernen, die der gegenwärtigen Weltanschauung zu widersprechen scheinen. Die Berechtigung dieses Strebens fällt uns nicht ein zu bestreiten; aber sie beruht auf einem andern Grunde als die Verwerfung des Widerspruchs innerhalb der Erkenntnis. Nicht darum, weil der Inhalt des Wissens anders lautet als der Ausdruck des Glaubens, brauchten wir an dem letzteren zu korrigieren; denn es kann wegen der Andersartigkeit der Wert- und der Erkenntnisurteile zwischen diesen kein logischer Widerspruch bestehen. Wohl aber widersteht es dem persönlichen Gefühle, mit denselben Worten etwas auszusprechen, was im Glauben gewiss ist, als Erkenntnisurteil aufgefasst aber andern Erkenntnissen widerspricht. So hat z.B. der Ausdruck »auferstanden von den Toten« für den Gläubigen einen tief religiösen Wert als die Gewissheit, dass die ethisch-religiöse Persönlichkeit eine Realität besitzt, die in ihrem zeitlichen Dasein nicht aufgeht; wörtlich genommen bezeichnet er dagegen eine Begebenheit, die sich nach moderner Auffassung nicht widerspruchslos in den Naturzusammenhang einreihen lässt.

Nun wäre es grundfalsch, aus der naturwissenschaftlichen Unmöglichkeit, das Ereignis zu erklären, auf seine Unmöglichkeit als Glaubensobjekt zu schließen, etwa zu sagen: Dies kann ich nicht verstehen, also kann ich es nicht glauben. Vielmehr, für wen der Glaube daran eine ethische Notwendigkeit ist, weil ihm das religiöse Vertrauen nur auf diese Weise vermittelt ist, der braucht das physische Ereignis nicht zu verstehen, er bedarf keiner weiteren theoretischen Vermittlung. Wer an den physischen Vorgang wörtlich glaubt, der rückt ihn eben damit über die Natur hinaus als ein Wunder; darin liegt kein Widerspruch mit der Naturwissenschaft, sondern nur mit der naturalistischen Weltanschauung, die über der Realität der Natur keine andere kennt. Der Widerspruch entstände erst, wenn der Glaube verlangte, dass der physische Vorgang in der Natur widergesetzlich vermittelt sei, weil die Auferstehung eine theoretische Behauptung wäre, die nach Naturgesetzen undenkbar ist. Dadurch wäre eine Durchbrechung der Naturgesetze gefordert, und danach würde das Gefühl des Zwiespaltes erzeugt, dass wir mit denselben Worten eine Glaubenswahrheit sagen, die für die Erkenntnis einen Widerspruch ausdrücken. Aber dann sagten wir auch keine Glaubenswahrheit mehr, sondern überschritten die dem Glauben durch das ethische Ideal gezogene Grenze.

Weil aber diese Unterscheidung nicht jedermanns Sache ist, wäre es allerdings zu wünschen, dass die historische Einkleidung des religiösen Gefühls der theoretischen Richtung des jedesmaligen Zeitbewusstseins entgegenkäme. Ohne Schädigung der Glaubensgewissheit könnte doch die Sprache der Religion sich allmählich dem allgemeinen Bildungsstande so anpassen, dass sie den Widerspruch derer nicht herausfordert, welche die tiefere Unterscheidung der Realität von Natur- und Glaubensobjekt nicht zu vollziehen wissen; sie sollte dies tun, nicht, weil sie dadurch ihre Gewissheit durch Erkenntnisgründe zu verstärken vermöchte, sondern um der Bereitwilligkeit der Gemüter, sich gewinnen zu lassen, nicht Schwierigkeiten zu schaffen, die nur aus der historischen Entstehung, nicht aus dem innern Wesen der religiösen Lehre folgen.

Dies gegen den Einwand, dass unsere Trennung des Glaubens vom Fortschritt der Erkenntnis die Religion erstarren lasse und sie dem Entwicklungsprozess der Kultur entziehe. Nur das Hindernis wollte meine objektive Darlegung forträumen, dass jemand meint, sich für ungläubig erklären zu müssen, weil ihm gewisse Formulierungen des Bekenntnisses theoretisch unhaltbar erscheinen, und dass er umgekehrt von dem »Gläubigen« für ungläubig erklärt wird, weil die Gewissheit seines religiösen Gefühls gerade nicht der Vermittlungen und desjenigen Ausdrucks dieser Vermittlungen bedarf, die einem andern infolge seines persönlichen Entwicklungsganges heilig und unentbehrlich sind. Die Freiheit ist nach beiden Seiten zu wahren. Und weil eben der Bildungszustand und die Einsicht der Menschen so sehr verschieden sind, ihre religiösen Gefühle aber dabei übereinstimmen können, so ist es keine Unwahrhaftigkeit oder Doppelzüngigkeit, es ist vielmehr nicht zu vermeiden, dass die überlieferte und von der Pietät geschützte Form gewisser religiöser Urteile von einem Teil der Hörer naiv nach ihrem Wortlaut, von einem andern Teil lediglich symbolisch oder als dichterische Einkleidung aufgefasst wird. Wenn nur diese Auffassung den religiösen Wert nicht trübt, so braucht sich der ethische Ernst daran nicht zu stoßen.

Der religiöse Zweck des Wunderglaubens ist doch die

56 Lösung des Zwiespalts zwischen Wissen und Glauben

Vermittlung der religiösen Gewissheit. Wer der Vermittlung durch Wunder nicht bedarf, der mag die Erzählungen von solchen als poetische Ausschmückungen durch die Sage, als die psychologische Begleiterscheinung jeder mächtigen Wirkung auf die Volksseele betrachten; die subjektive Realität dieses Glaubens und seine Wirkung in der Geschichte kann er nicht leugnen. Jedenfalls aber darf er nicht denjenigen als einen Schwachkopf bemitleiden, der für die Realität der Wunder eintritt; es sei denn, dass diese als Durchbrechungen der Naturordnung gedeutet werden und damit das Verwerfungsurteil des Verstandes herausfordern.

Wohl aber können Wunder als ursprüngliche Anordnungen des Höchsten gedacht werden, durch welche überraschende Ereignisse im Naturlauf an menschlich unberechenbarer Stelle hervortreten. Und zu diesem Naturlauf gehören auch die psychischen Vorgänge. Dies enthält keinen innern Widerspruch von dem Standpunkte aus, dass die gesetzliche Gesamtordnung der Natur ein Mittel ist, um die Verwirklichung ethischer Personen zu erreichen; denn die ursprüngliche Tatsache, von welcher alle relative Naturerklärung ausgeht, kennt ja niemand, und wenn man sich auf den Standpunkt der Laplaceschen Weltformel stellt, so ist es nur nötig, einige sowieso unbekannte Differenzialquotienten einzuschieben und eine etwas andere Anordnung der Atome im Raume zur Zeit $t = o$ anzunehmen, um zu erklären, dass zu einer bestimmten Zeit gewisse Erscheinungen eintreten mussten, die dem bisher bekannten Gange der Erscheinungen gegenüber wie kausal nicht begründet auftraten, obwohl sie es tatsächlich waren. Wem dies dem Prinzip der Einfachheit in der Natur zu widersprechen scheint, der wolle dabei nur bedenken, dass diese scheinbaren Unstetigkeiten des Naturlaufs gar nicht auf die Objekte geschoben zu werden brauchen, sondern ebenso gut aus Prozessen des Zentralnervensystems der Menschen gewisser Zeitepochen hervorgehen können. Auch die pathologischen Vorgänge und die großen Volkspsychosen sind ja naturgesetzlich. Alle diese Arten, mit den Wundern sich abzufinden, sind berechtigt, weil man dann, man mag sie glauben oder nicht, ihre Realität als Glaubensobjekte und als Wissensobjekte reinlich auseinanderhält.

Unberechtigt sind nur die rationalistischen Vermittlungsversuche, welche die berichteten Wunder für objektive Tatsachen erklären, aber sie nicht aus einer überempirischen und nichtzeitlichen Bestimmung ableiten, sondern so umdeuten wollen, dass sie als natürliche Ereignisse erscheinen. Dadurch wird ihnen der religiöse Wert genommen; denn es wird das, was nur als Objekt des Glaubens Realität besitzt, in die Reihe der kausalen Naturvorgänge hineingesetzt und damit seines Gefühlswertes entkleidet.

3.5 Die einende Weltanschauung

Sollte man nun endlich der vorgetragenen Auffassung den Vorwurf machen, sie sei Dualismus, so kann sie ihn ohne Beschwerde ertragen. Denn ein solcher Dualismus ist unvermeidlich, da die Bedingungen der Erfahrung selbst ihn enthalten. Wir sind *Naturobjekte* und wir sind *Persönlichkeiten*. Wir erkennen durch die Gesetze des Verstandes, und wir besitzen Willen und Selbstgefühl. Wohl gibt es einen berechtigten Monismus der Erfahrung: Alles was in unser Bewusstsein tritt, kann und muss im Zusammenhang einer einheitlichen Entwicklung betrachtet werden. Aber dass es eine solche überhaupt gibt, setzt immer voraus, dass es Einheiten gibt, in denen ein Selbstzweck gesetzt ist, nämlich die ethischen Persönlichkeiten. Der Inhalt der Erfahrung in Raum und Zeit hat außer seiner gegenständlichen Realität auch eine Realität als Welt der Werte. Diese doppelte Beurteilung lässt sich nicht aufheben. Aber damit ist nicht gesagt, dass es eine doppelte Wahrheit gibt. Jedes der beiden Reiche, das erkennende wie das bewertende, kann von dem andern seiner Bestimmungsweise unterworfen werden. Die Werte können, als Gefühle der Individuen, in die Gesetzlichkeit der Natur eingereiht werden; die Naturgesetzlichkeit kann als ein Mittel für die Welt der Werte aufgefasst werden. Hierin eben liegt das beide einende der Persönlichkeit. Dass jene beiden Welten im letzten Grunde *einem* Zwecke dienen durch ihre gemeinsame Bestimmung zur ethischen Weltordnung – das ist die *eine* Wahrheit, aber sie lässt sich niemand aufzwingen.

Der Gegensatz der ethischen Welt und der Natur ist nur zu vereinen durch eine freie Tat des Bewusstseins, durch eine Weltanschauung, die das Erlebnis im Denken, Fühlen und Wollen als verschiedene Richtungen der einen persönlichen Selbstgewissheit auffasst. Diese Weltanschauung von größter Einheitlichkeit ist der Monismus der Persönlichkeit.

Unsterbliches Bewusstsein: Raumzeit-Phänomene, Beweise und Visionen
Von Klaus-Dieter Sedlacek

Preis: EUR 18,95

- **Gebundene Ausgabe:** 148 Seiten
- **Verlag:** Books on Demand Gmbh; Auflage: 2 (30. Juli 2008)
- **Sprache:** Deutsch
- **ISBN-10:** 3837043517
- **ISBN-13:** 978-3837043518
- **Größe und/oder Gewicht:** 22 x 14 x 1,6 cm

Es geht weder um Glauben noch um Esoterik. Mithilfe der naturwissenschaftlichen Methode und zahlreicher sonst unerklärlicher quantenphysikalischer Phänomene gelingt es dem Autor des Sachbuchs den Nachweis zu führen, was bisher umstritten war: Bewusstsein existiert außerhalb des Gehirns!

Der Text ist in eine allgemeinverständliche Form gepackt.